살아 있는
문해력

살아 있는 문해력

모두를 위한 일생의 문해력

초판 1쇄 발행 2025년 10월 18일

지은이 | 제민경·소지영·양수연·최소영·편지윤

펴낸이 | 김연우
펴낸곳 | (주)태학사
등록 | 제406-2020-000008호
주소 | 경기도 파주시 광인사길 217
전화 | 031-955-7580
전송 | 031-955-0910
전자우편 | thspub@daum.net
홈페이지 | www.thaehaksa.com

편집 | 조윤형 여미숙 김태훈
마케팅 | 김민선
경영지원 | 김영지

이 책에 직간접적으로 게재를 허락해 주신 모든 분께 감사드립니다.
저작권자와 연락이 닿지 않아 부득이 허가를 구하지 못한 일부 자료에 대해서는
연락 주시는 대로 적법한 절차를 따르겠습니다.

값 11,000원

ISBN 979-11-6810-355-9 (04710)
       979-11-6810-387-0 (세트)

책임편집 | 조윤형
디자인 | 지소영

살아 있는
문해력

**모두를 위한
일생의 문해력**

제민경 · 소지영 · 양수연 · 최소영 · 편지윤 지음

태학사

학회의 성장은 학문의 성장을 동반하게 마련입니다. 최초·최고·최대의 학술 단체인 한국어교육학회가 창립 70주년을 맞는 이 시점에서, 우리는 그 성장의 결실을 가시적으로 확인할 필요가 있다는 데 뜻을 같이했습니다. 이에 국어 교육 학계를 이끌어 갈 차세대 국어 교육학자들과 국어 교육의 현장을 선도하는 교사들을 중심으로 학문적 성과를 결산해 보기로 했습니다. 다만 빛나는 연구 성과를 정리하는 수준이 아니라 '그 성과가 교실에서 이용利用될 수 있도록 해야 한다', 그리고 '교실 안에만 머물러 있는 것이 아니라 교문 밖 모든 삶의 현장에서 언어 사용자인 시민들의 후생厚生에도 기여해야 마땅하다'고 생각했습니다.

그리하여 학회에서는 국어과 교육 과정사에서 가장 중요한 항존恒存 개념 20개를 선별했고, 젊은 연구자와 교사들에게

임무를 부여하여 손에 쏙 들어오는 20권의 책을 학회 창립 70주년이 되는 올해부터 출간하기 시작하여 내년까지 완간하기로 했습니다. 필진이 젊다는 것은 시각이 신선하다는 뜻으로, 책의 분량이 적다는 것은 정보의 응집도가 높다는 뜻으로 이해해 주기를 바랍니다.

한국어교육학회의 위상에 걸맞게 빛나는 결실을 맺어 주신 필자 여러분은 국어 교육학계의 믿음직한 미래임을 증명해 주셨습니다. 이 시리즈가 원활히 출간되도록 필자와 출판사 사이의 중간 다리 역할을 맡아 노심초사 알뜰히 챙겨 준 양수연 박사님의 노고도 잊을 수 없습니다. 이 시리즈의 간행을 흔쾌히 맡아 주신 태학사 김연우 대표님, 심혈을 기울여 책을 만들어 주신 조윤형 주간님에게도 감사의 마음을 전합니다.

부디 이 책들이 예비 교사들에게는 개념들의 윤곽을 보여 주고, 현장 교사들에게는 교수 학습과 평가의 설계에 영감을 주며, 일반 시민들에게는 품격 있는 언어 생활의 지침서가 되기를 바랍니다.

한국어교육학회 창립 70주년 기념
'개념 있는 국어 생활' 간행위원회 위원장 주세형
한국어교육학회 제38대 회장 류수열

최근 몇 년 사이, 우리 사회는 그 어느 때보다 '문해력'이라는 말에 주목하고 있다. 각종 언론은 학생들의 문해력 저하를 우려하면서도 미래의 경쟁력이라 강조하고, 서점에는 문해력을 키우는 방법을 다룬 책들이 쏟아져 나오고 있다. 이러한 현상은 문해력이라는 주제가 사회적 공론의 대상이자 주요한 관심사로 자리매김했음을 보여 준다. 그러나 동시에 충분한 학문적 검토 없이 유행처럼 소비되거나 단편적 해결책만 제시되는 양상을 보이기도 한다.

문해력에 관한 사회적 담론과 수많은 저서들 사이에서, 국어 교육학자는 무엇을 이야기해야 할까. 근래에 처음 등장한 과제인 것처럼 보이기도 하지만, 실상 국어 교육에서 문해력은 오랫동안 이론적·실천적 측면에서 다루어져 온 핵심적인 주제이자 다층적 문제이다. "문해력은 무엇이며 왜 중요할까?", "문해력이 있는 삶과 없는 삶은 어떻게 다를까?" 이 책은 바로 이와 같은 일상적인 질문에 그간 국어 교육학적으로 쌓아 온 연구를 토대로 답하고자 하는 시도이다. 특히 현재와 미래의 국어 교육학자들—예비 교사, 현장 교사, 그리고 문해력에 관심을 두고 고민하는 이들—에게 전하고 싶은 말이다.

이 책은 크게 세 가지 갈래로 구성되어 있다. 1장에서는 문해력이 왜 지금 이 순간 우리 사회의 화두가 되었는지, 그리고 그것이 단순한 기술이 아니라 '배움의 권리'로 다루어져야 하는 이유를 살펴본다. 2장에서는 영유아기부터 성인기까지, 생애 주기 안에서 문해력이 어떻게 확장되고 다층적으로 변주되는지를 살펴본다. 여기에는 '초기 문해력'에서부터 '기능적 문해력', '어휘력', '학문적 문해력', '디지털·미디어 문해력', '비판적 문해력', 그리고 더 나아가 '성인 문해력'까지 포함된다. 3장에서는 '질문하는 힘', '함께 읽는 즐거움', '생각하는 책' 같은 화두를 통해, 문해력이 교실을 넘어 삶 속에서 어떻게 실천으로 이어질 수 있는지 이야기한다.

이 책은 한국어교육학회 창립 70주년을 기념하기 위해서, 국어 교육에 변함 없이 존재해 온 20가지의 키워드 중 하나로서 기획되고 출간되었다. 의미 있는 총서를 기획하시고 집필의 기회를 주신 한국어교육학회에 진심으로 감사의 인사를 드린다.

　'잘 읽고 잘 읽는 능력'으로서 문해력은 인간이 세계와 만나는 방식이며 세계를 향유하게 하는 힘이다. 이 책이 문해력을 둘러싼 최근의 범람하는 담론들에 학문적 이름을 부여하고, 독자 여러분께서 자신의 삶 속에서 문해력을 새롭게 성찰하고 보다 깊이 있는 교육적 실천을 모색하는 데 하나의 나침반이 될 수 있기를 바란다.

2025년 10월

저자 일동

차례

Class 2. 생애 주기별 문해력
나는 지금 무엇을 해야 할까?

성인 문해력

Class 3. 소통과 실천의 문해력
실제 삶에서 문해력은 어떤 모습일까?

Class 1.

문해력이
알고 싶다

문해력,
정말 그렇게 중요할까?

66 왜 지금,
문해력일까?

문해력 대유행의 시대이다. 포털 사이트에는 하루가 멀다 하고 '문해력'을 키워드로 한 기사들이 올라오고, 서점에는 관련 서적과 문제집이 범람하고 있다. 이러한 대유행은 일차적으로는 코로나-19 팬데믹으로 인한 학습 결손과 학력 격차에 대한 우려에서 비롯된 것이다. 이는 비단 우리나라만의 문제는 아니며 문해력에 대해 전 세계적인 관심이 증폭된 원인이기도 하다.

우리나라에서는 특히 어휘력과 관련된 단편적인 사례들, 예를 들어 "사과를 왜 심심하게 하는가?", "사흘은 4일인가?", "우천시는 어느 시인가요?"와 같은 사례들이 쟁점화되면서 문해력 저하를 우려하는 사회의 목소리가 커지고 있다. 젊은 세대의 문해력을 걱정하는 목소리는 때론 세대별 문해력 갈등으로까지 번지고 있는 모양새다.

그렇다면 문해력이란 말은 언제부터 등장했을까. 최근, 혹은 2000년대 이후의 일이라 생각하기 쉽지만, 국어교육학계에 문해력 개념이 소개된 것은 1980년대 후반이며 이와 관련된 논문이 처음 발표된 것은 1991년이다. 관련 연구에 따르면, 1991년에 첫 논문이 발표된 이래 1990년대에는 총 5편의 학술논문만이 발표되었지만 2000년대에 들어서는 90여 편, 2010년대에 들어서는 300편에 육박하는 학술논문이 발표되었다고 한다.[1] 물론 1990년대나 2000년대 초에는 '문해력文解力'보다는 '문식성文識性'이라는 말이 보다 빈번하게 쓰였다. 동일한 '리터러시literacy'의 번역어이지만 '문식성'은 '특정한 영역이나 분야에서 갖추어야 할 기본적인 소양이나 자질'의 의미를 더 강하게 지니는 반면, 최근 자주 사용되는 '문해력'은 '언어 능력'으로서의 의미를 보다 강조한다.[2] 즉, 문해력(또는 문식성, 또는 리터러시)에 대한 학술적 관심은 1990년대부터 이루어졌으며 이것이 사회적 관심을 끌게 된 것이 최근이라 볼 수 있다.

그렇다면 1990년대 이전에는 국어교육에서 문해력에 대한 관심이 없었을까? 그렇지 않다. 문해력이라는 용어만 사용되지 않았을 뿐 '읽기 능력' 또는 '쓰기 능력'과 같은 의사소통 능력은 해방 이후 국어교육의 중요한 목표였다. 미군정기인 1946년에 제정된 교수요목의 국어과 교수 요지에는 "바른 말과 맞는 글을 잘 깨쳐 알게 하고, 또 저의 뜻하는 바를 바르고, 똑똑하게 나타낼 수 있도록 힘을 길러 주고"라고 명시되어 있다. 해방 이후 국어교육의 최대 목표는 문맹률을 낮추는 것이었으며 그 결과로 해방 직후 80%에 육박하던 문맹률은 1970년대 7%까지 떨어졌다.

그런데 새삼스럽게 왜 또 문해력일까? 읽기 교육이나 쓰기 교육이 행해진 것이 어제오늘의 문제가 아닐 텐데, 우리는 왜 읽기 능력이나 쓰기 능력이 아니라 문해력이라는 말을 쓰면서 새삼 강조하는 것일까? '심심하다', '사흘', '우천시'와 같은 어휘력이 문제라서일까?

문해력의 원어인 **'literacy'**에서 그 단초를 찾아볼 수 있다. 'literacy'는 'literate(글을 읽고 쓸 줄 아는)' + '-acy(성질, 상태)'로 이루어지는데 여기서 'liter'는 어원적으로 'letter(글자)'를 뜻한다. 즉, 직역하면 'literacy'는 '글을 읽고 쓸 줄 아는 성질이나 상태'를 의미하며, 학습 상황에서는 이것이 '그러한 성질이나 상태를 갖춘 자의 능력'으로 이해된다.

어원에서도 드러나듯 'literacy'라는 말은 그 자체로 다층적이다. 'liter'는 '글자'이기도 하면서 '글'이기도 한데, 글자의 합이 글이 되는 것은 맞지만, 글자를 아는 것과 글을 아는 것은 같지 않기 때문이다. 이런 점 때문에 초등학교 저학년을 둔 학부모들 사이에서는 '초등학교 1학년 아이의 한글 해득 기준'을 두고 설왕설래가 벌어지기도 한다. 어떤 학부모는 '받침 있는 글자를 읽고 쓸 수 있는 상태'가 한글 해득이라고 여기는 반면, 어떤 학부모는 '단순히 읽을 수 있기만 한 게 아니라 뜻을 알고 읽을 줄 아는 상태'가 한글 해득의 기준이라고 여긴다. 또 다른 학부모들은 '교과서를 스스로 읽을 수 있어야 한다'는 기준을 제시하기도 하고, '초등학교 1학년 문제집의 문제를 푸는 데 어려움이 없어야 한다'는 기준을 제시하기도 한다.

'한글 해득'을 '문해'로 연결하여 이해하면 이들 모두가 문해력이 맞다. 이렇듯 '문해'라는 말은 본질적으로 다층적이다. 그래서 문해력의 이름은 문자를 읽고 쓰는 것의 수준과 깊이, 목표에 따라 '초기 문해력, 비판적 문해력, 학문적 문해력, 미디어 문해력' 등으로 다양하다. 이어지는 장들에서 차차 살펴보겠지만, 학부모들의 답변에는 초기 문해력에서 기능적 문해력, 나아가 학문적 문해력에 이르는 문해력 개념의 스펙

트럼이 내재되어 있다.

　'문자'의 의미와 역할은 세대, 시대와 사회에 따라서도 달라진다. 유아에서부터 아동, 청소년, 성인, 노인에 이르기까지 문자를 읽고 쓰는 생애의 주기별로 강조하는 문해력은 같지 않다. 또 현대 사회는 문자로만 소통하는 것이 아니라 영상, 이미지, 소리, 그래프 등을 포함하는 다양한 기호를 복합적으로 사용하여 소통하므로, 읽고 쓰는 행위는 단순히 문자를 읽고 쓰는 것을 넘어서 다양한 분야의 복합적 기호와 텍스트의 의미를 이해하고 해석하며 때론 수많은 텍스트들을 선별하여 분석하고 평가하는 것까지를 포괄한다.

　분야별로 강조하는 문해의 의미도 달라진다. 문자는 국어 시간만이 아니라 소통을 목적으로 하는 모든 분야에 존재하므로, 어떤 분야를 대상으로 하는가에 따라 역사 문해력, 수학 문해력, 일머리 문해력 등으로 불리며 강조점을 달리하기도 한다.

　읽고 쓰는 행위는 필연적으로 듣고 말하는 행위와도 관련된다. 책을 소리 내어 읽는 행위는 음성적 과정이며, 쓰는 행위에는 주제에 대해 친구 및 동료와 대화하거나 토론하는 과정이 포함되기도 한다. 즉, 우리의 문자 생활에는 듣고 말하고 읽고 쓰는 행위가 복합적으로 작용하며, 어떤 분야에서 어떤 매체로 소통하는가에 따라 이 듣고 말하고 읽고 쓰는 행위는 여러 가지 방식으로 접근할 수 있다.

다소 개인적이고 심리적인 능력의 의미가 강한 '읽기' 또는 '쓰기'만으로는 사회·문화적으로 이루어지는 '문해'의 이러한 다층적 의미와 역할을 담아내기 어렵다. 이런 이유로 국어교육계를 비롯한 학문 영역에서는 때로 번역어인 '문해력' 대신에 원어인 '리터러시'를 선호하기도 한다.

이처럼 문해력의 문제는 단지 문자를 읽지 못하는 문맹이나 특정 어휘를 알지 못하는 어휘력의 문제가 아니라 이 모든 것을 포괄하는 다층적인 문제이며, 개인의 문제를 넘어선 사회·문화적 문제이다. 이것이 우리가 문해력에 주목하는 이유이다.

66 문해력은 왜 '배울 권리'가 될까?

2020년 4월 23일, 미국 미시간주^州에서는 문해력 교육의 책무성과 관련된 중요한 소송 결과가 발표되었다. 게리^{Gary B.}를 비롯한 7명의 학생이 미시간주를 대상으로 제기한 문해력 소송에서 승소한 것이다.

미국에서는 1950년부터 교육권을 둘러싼 법정 다툼이 벌어졌는데, 그중 2016년 미시간주에서 게리를 비롯한 7명의 학생이 제기한 소송은 전 세계적인 관심의 대상이 되었다. 게리 등은 '문해력 교육을 받을 기회^{access to literacy}'는 수정헌법 제14조에 의해 보장되는 기본권인데, 학교 시설의 낙후, 교원의 역량 부족, 관련 프로그램의 부재 등으로 학교에서 문해력 교육이 제대로 이루어지지 않는다고 소송을 제기했다.

여기 문해력은 교육의 기초로서, 단순히 글을 읽고 발음하는 역량뿐 아니라 이 세상에 관련된 것들을 이해하고 분석하고 종합하고 비판하는 데 언어를 사용할 줄 아는 역량을 말한다.[3] 이에 대해 법원은 기회의 제공이 교육의 결과까지 보장하는 것은 아니라는 점에서 2018년 첫 판결 당시에는 이를 인정하지 않았으나, 항소 끝에 연방항소법원에서 2020년 4월 23일 원고가 승소했다.

이 결과는 연방대법원에서 다시 기각되어 받아들여지지 않았지만, 2020년 항소심의 승소 판결은 시사하는 바가 크다. 학생이 열심히 학교를 다니고 있음에도 불구하고 문해력이 학년에 따라 적절하게 향상되지 않았다면 학생은 교육받을 자신의 권리를 보호받지 못한 것이고, 때문에 정부와 학교는 이에 책임을 져야 한다는 것이다. 당시 미시간주의 지역 신문에서는 '교육권이 기본권임을 천명하는 역사적 판결'이라고 의미를 부여하기도 했다.

그렇다면 교육권이란 무엇이며, 문해력은 교육권과 어떻게 관련되는가.

'교육권' 했을 때 가장 먼저 떠오르는 것은 '교육을 받을 권리'이다. 우리나라 헌법 제31조에는 "모든 국민은 그 보호하는 자녀에게 적어도 초등교육과 법률이 정하는 교육을 받게 할 의무를 진다."라고 명시하고 있다. 교육기본법에는 '6년의 초등교육과 3년의 중등교육'을 의무교육으로 정하고 모든 국민이 의무교육을 받을 권리를 가진다고 설명하고 있다.

교육을 받을 권리가 있고 학교 안에 있다고 해서 모든 학생이 그 권리를 누리게 될까. 『학교 속의 문맹자들』이라는 책에 등장하는 중학생 창우의 사례를 보자.[4] 이 책은 당시 중학교 교사이던 저자가 교육 현장에서 국어를 가르치다 만나게 된 읽기 부진 학생들의 사례를 담고 있다. 이 책에서 창우는 의무교육을 받았음에도, 글을 읽을 수는 있으나 등장인물의 말과 행동의 의미를 전혀 파악하지 못하고 글 속에 명시적으로 드러나 있는 내용도 이해하지 못한다. 책 제목처럼 또 다른 의미의 '문맹자'인 것이다. 창우는 교육받을 권리를 가지고 있으나 이를 발휘하지 못하고 있다.

이에 '교육권', 또는 '교육받을 권리'는 단순히 학교를 다닐 권리를 넘어서서 **'배울 권리'***의 의미로 확장되고 있다. 유네스코UNESCO는 "누구든, 어디에 살든, 가족이 돈이 얼마나 많든 상관 없이, 모든 아이들이 교육받을 권리가 있다고 믿는다."[5]라고 선언한 바 있다. 여기서 교육받을 권리는 단순히 '학교에 갈 권리'가 아니라 '학교에 가서 배울 권리'를 말한다.

우리나라에서도 교육받을 권리를 제대로 보장받을 수 있도록 하는 법률이 제정되고 있다. 2021년에 제정된 기초학력 보장법이 그것이다. 기초학력 보장법은 "모든 학생의 기초학력을 보장하여 능력에 따라 교육을 받을 수 있도록 그 기반을 조성하는 것을 목적으로 한다." 여기서 기초학력이란 '학교 교육과정을 통하여 갖추어야 하는 최소한의 성취 기준을 충족하는 학력'을 말한다.

우리나라 국어과 교육과정은 초등학교에서부터 잘 읽고 잘 쓰는 것을 주요 목표로 삼고 있으므로, 최소한의 성취 기준을 충족하는 학력을 갖춘 학생은 적어도 글을 읽고 그 의미를 이해할 수 있어야 하고, 자신의 생각을 적절하게 표현할 수 있어야 할 것이다. 이러한 기초학력 보장법에 따르면 이제 창우 같은 아이는 적절한 시기에 '학습 지원 대상 학생'으로 진단되어 개인의 상황과 특성에 맞는 맞춤형 교육을 받아야 한다. 이를 위해 각 교육청은 다양한 기초학력 지원 프로그램을 운영하고 기초학력 전담 교사 양성 계획을 발표하고 있다.

잘 읽고 쓰는 능력은 '학습할 수 있는 힘'이 되며, '학습할 수 있는 힘'을 갖추었을 때 비로소 우리는 '배울 권리'를 가졌다고 말할 수 있다.

인간은 인간답게 살아갈 권리를 지니는데, 인간답게 살아가기 위해서는 세계와 나, 타인에 대한 이해가 필요하며, 이는 학습을 통해 성취될 수 있다. 그런데 "학습은 언어를 통해 이루어진다". 언어학습이 제대로 이루어지지 않으면 교과서를 비롯한 학습 자료에 접근하기 어렵고 내 생각을 친구나 선생님과 나누며 스스로 지식을 구성하고 성장시키는 것에도 어려움을 겪게 된다. 이에 일찍이 오스트레일리아의 교육학자인 할리데이 M. Halliday는 '언어를 통한 학습learning through language'의 중요성을 언급하기도 했다. 모든 학습은 언어를 통해 이루어지며, 이에 언어는 범교과적 역할을 한다.[6]

권리는 권력으로 이어진다. 노예 시대에 지배자는 노예가 글을 읽고 쓰는 것을 금지했다. 조선시대에는 한글을 언문諺文이라 하였는데, 양반 지배층은 하층민에게는 언문을 가르치지 않았기에 갑오개혁 이전까지 하층민을 대상으로 하는 언문 학습 자료도 공식적으로 발행된 적이 없다.[7] 글자를 아는 것은 새로운 지식의 학습으로 나아가고 안목과 힘의 성장으로 이어지므로 이를 경계한 것이다.

현대사회는 단순히 글자를 아는 것을 넘어서서 글을 맥락적으로 이해하고 학습함으로써 사회와 세계를 읽어 내고 비판할 수 있는 진짜 문해력이 힘이 되는 시대이다. 각종 정보가 넘쳐나며 인공지능AI이 학습한 정보의 진위 여부를 가리기도 어려운 시대에 잘 읽고 잘 쓰는 능력은 여전히 중요하며, '배울 권리'로서 문해력은 생존의 필수 요소이자 힘이 된다. 훈민정음 서문에서 세종대왕이 밝히신 것처럼 '이르고자 하는 바를 제 뜻을 실어 펴는 것'은 인간이 인간답게 살아가기 위해 가져야 할 기본 권리이다.

66 문해력이 있는 삶과
없는 삶은 어떻게 다를까?

　문해력이 중요한 이유는 여러 가지가 있겠지만, 먼저 그 가운데 하나는 사회 구성원들의 다양한 의사소통 과정에서 문해력의 격차가 클 경우, 이러한 격차는 곧 상호 간에 갈등을 일으키는 하나의 씨앗이 될 수 있기 때문이다. 최근 문해력의 중요성에 대한 대중의 관심이 높아지면서 '문해력 격차'라는 말이 화두가 되고 있다. 특히 일각에서는 문해력의 '세대 간 격차'가 곧 세대 갈등의 원인이라고 지목하면서 이것이 사회의 중요한 이슈로 부각되기도 했다. 일례로, 한 유명 영화 평론가가 전 세계적으로 흥행했던 영화 〈기생충〉에 대해 한 줄로 된 짤막한 평론을 제시한 것이 온라인에서 화제가 되었

던 적이 있었다. 그는 이렇게 말했다.

상승과 하강으로 명징하게 직조해 낸 신랄하면서도 처연한 계급 우화

위 평론이 화제가 된 이유는 영화평 자체의 내용과는 별개로 '명징'과 '직조', '신랄하다', '처연하다'와 같은 한자어를 둘러싼 젊은 세대의 반응 때문이었다. '무슨 뜻인지 모르겠다'는 평가와 함께 '어려운 단어로 잘난 체한다' 등의 의견이 이어지면서 급기야 젊은 세대의 문해력 부족 논란이 일었던 것이다.[8] 언론을 중심으로 이에 관한 다양한 담론이 생성되면서 이는 곧 세대 간 갈등으로 번졌다. 기성세대들은 소위 '요즘 젊은 것들'의 낮은 어휘력과 문해력을 지적했고, 이에 대해 젊은 세대들은 제도권 교육하에서 공식적으로 한자 교육을 받은 적이 없는 데다가 평론에 제시된 단어들이 오늘날에는 잘 사용하지 않는 한자어이므로 이해가 어려운 건 당연하다는 날 선 반응을 드러냈다.

물론, 단순히 한자어를 모르는 것 하나만으로 젊은 세대들이 정말로 문해력이 부족한 것인지에 대해서는 또 다른 측면에서 면밀한 탐색이 필요하다. 문제는, 세대 간의 문해력 격

차, 나아가 세대를 떠나 개별 구성원들 사이에서 드러나는 다양한 문해력의 격차가 결국 대인對人 의사소통 과정에서 원활한 소통을 가로막는다는 점이다. 제대로 읽지 못하고 제대로 쓰지 못하는 것은 비단 개인의 문제에만 국한되지 않는다.

문해력을 제대로 갖추지 못한다면 타인에 대한 이해, 나아가 사회를 이해하고 구성원들과 원활한 소통을 하는 데 어려움을 겪을 수 있다. 그런 점에서 문해력을 갖추는 것은 공동체를 형성하고 유지하는 데 그 무엇보다도 중요하다. 결국 문해력은 개인의 **주관적 웰빙**,★ 행복한 삶에도 큰 영향을 미칠 수밖에 없다.[9]

이뿐만 아니라, 최근에는 직무 의사소통 상황에서 개개인의 낮은 문해력이 업무의 능률과 효율을 떨어뜨리고, 그로 인해 조직의 생산성이 저하한다는 문제가 대두되면서 이른바 '일머리 문해력'[10]의 중요성에 대해서도 강조하고 있다. 우리는 저마다의 일터에서 이메일 작성부터 보고서, 공문, 제안

> **★ 주관적 웰빙(subjective well-being)**
> 2018년 OECD에서는 미래 교육의 방향 가운데 하나로 개인과 사회의 웰빙과 번영을 강조하였다. 소득과 직업, 생활 수준이 객관적 웰빙이라면, 주관적 웰빙은 개인의 삶의 질과 정서, 만족 등과 밀접한 관련을 맺는다. 우리나라의 '2022 개정 국어과 교육과정' 역시 학습자가 건강하고 행복한 삶을 영위하기 위해서는 일상생활 및 사회생활에서 높은 수준의 국어 능력을 갖추어야 한다고 언급했다. 문해력은 학습자가 미래에 정서적으로 안정되고, 행복하며 건강한 삶을 주도적으로 살아가는 데 중요한 지표가 될 수 있다.

서, 사업계획서 등에 이르기까지 직무를 수행하는 일련의 모든 과정에서 다양한 문서 작업을 수행한다. 문제는 이러한 과정에서 특정 단어들의 의미를 파악하지 못해서 어려움을 겪기도 하고, '요청하기, 제안하기, 검토하기' 등 다양한 업무 맥락에 적절한 표현, 적합한 문장을 구성하는 데에 어려움을 겪기도 한다는 것이다. 가령, 아래의 업무 메일[11]을 살펴보자.

안녕하십니까 백두산 차장님.

㈜딩동댕 영업팀 유연한입니다.

지난주 귀사와 당사가 협의하였던 견적서에 오기된 부분이 있어 다시 보내드립니다.

하기 파일 첨부하였습니다.

신제품 '쫀쫀한 요가 바지'에 대한 수량과 가격을 다시 기재했습니다.

견적서 확인 후, 추가 협의가 필요하다면, 명일 오후 6시까지는 연락 부탁드립니다.

참, 9월 10일 김 부장님과의 오찬 장소를 어디로 하면 좋을까요.

답신 기다리겠습니다.

2022년 9월 1일

유연한 배상

우선, 업무 메일에는 위와 같이 '오기', '하기', '명일', '오찬', '배상' 등의 한자어가 많이 등장하기도 하고, 이메일이라는 특성상 보내는 이, 받는 이, 인사말 등 관습적으로 쓰는 표현과 규칙이 있다. 따라서 좁게는 어휘에서부터 크게는 담화 관습과 규칙, 맥락에 대한 이해가 전제될 때, 이러한 업무 메일을 제대로 읽고 이해할 수 있으며, 또 제대로 작성해서 동료와 상사에게 전송할 수 있을 것이다. 문해력의 격차는 일상적인 의사소통 상황에서뿐만 아니라, 직무 의사소통 상황에서도 여러 가지 어려움을 야기할 수 있고, 이는 곧 조직의 생산성과도 직결되는 만큼, 오늘날 직장인의 직무와 관계된 문해력 역시 간과할 수 없는 중요한 문제라고 할 수 있다.

요컨대 문해력이 중요한 이유는 단순히 한 개인의 문제에만 국한되는 것이 아니라, 타자에 대한 이해, 세상과의 소통 과정에서도 중요한 역할을 하기 때문이다. 타자와 관계 맺는 과정에서 문해력이 중요한 이유가 바로 여기에 있다. 타자와 원활한 소통이 안 될 경우, 타자에 대한 혐오뿐만 아니라 나아가 세대 간의 갈등, 내집단과 외집단의 구별 짓기 등 건전하고 건강한 공동체를 형성하는 데 걸림돌이 되는 다양한 문제로 이어질 수 있는 것이다.

　　결국 문해력은 개인의 행복과 일상적 삶을 '인간답게' 잘 살아가는 수단으로 기능하게 된다. 최근 문해력과 행복(주관적 웰빙)의 상관관계에 주목하고 있는 일련의 연구들 역시 이러한 문해력의 기능에 주목하고 있다. 이를테면, 자신의 삶에 대한 이해와 판단을 촉진하는 데 문해력이 영향을 미칠 수 있기 때문이다.[12] 나아가, 문해력은 공동체의 성장과 인류의 지속 가능한 번영을 위한 필수 요소이기 때문에 **사회적 실천과 참여**의 관점에서 바라볼 필요가 있다.

66 우리의 문해력 수준은 어느 정도일까?

문해력은 평생에 걸쳐 발달한다. 가정에서 말을 배우기 시작하는 유아기, 아동기와 청소년기를 거치며 문해력은 발달해 간다. 특히 아동기와 청소년기는 학교교육의 영향을 강하게 받으며 문해력이 발달해 가므로 '학령기'로 아우를 수 있다. 성인기에는 청소년기까지에 비해 급격한 발달이 눈에 띄게 나타나지는 않는데, 학령기에 비해 일반화하기 어려운 각자의 삶을 영위해 나가기 때문에 발달이 멈춘 것으로 오해되기도 한다. 그러나 성인기에도 문해력은 직무 환경을 중심으로 조금 더 세분화되어 발달한다. 이처럼 문해력의 발달 양상과 특성은 생애 주기별로 다르며, 그에 따라 서로 다른 문

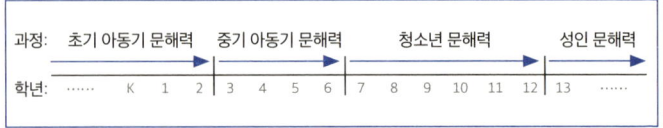

| 과정: | 초기 아동기 문해력 | 중기 아동기 문해력 | 청소년 문해력 | 성인 문해력 |

| 학년: | ······ | K | 1 | 2 | 3 | 4 | 5 | 6 | 7 | 8 | 9 | 10 | 11 | 12 | 13 | ······ |

문해력의 발달 단계[13] 문해력의 발달 단계는 유치원부터 초등학교 2학년까지를 '초기 아동기'(K~2), 초등학교 6학년까지를 '중기 아동기'(3~6), 중고등학교 시기를 '청소년'(7~12), 이후 시기를 '성인'(13~) 문해력으로 구분한다.

해력 교육이 요구된다.

문해력 교육을 실행하기 위해서는 문해력의 발달 현황을 파악하는 것이 우선적으로 필요하다. 문해력의 발달 현황을 파악하고 교육적으로 지원하는 방법은 위 그림의 발달 단계에 따라 서로 다르다.

초기 아동기 중에서도 학령기 이전에는 언어 발달 검사를 포함하는 발달 검사 차원의 조사가 이루어지고 있다. 국가 차원의 영유아 검진에 포함된 언어 발달 검사, 부모가 선택적으로 참여하는 각종 발달 연구 기관에서의 검사 등이다. 이 시기의 문해력 조사는 부모의 협조 없이는 불가능하다. 아동을 전문 기관의 검사에 참여시켜 언어 발달을 관찰하며 진술할 수 있는 사람이 바로 부모이기 때문이다. 또한 아동의 의사소통 상대 역시 부모인 경우가 절대 다수이므로, 한 사람의

문해력 발달과 교육에서 부모의 역할이 가장 큰 시기라고 할
수 있다.

초등학교에 입학하면 1~2학년 시기에는 학교 차원에서
한글 해득 검사와 교육부의 '한글 또박또박'과 같은 유창성
검사 도구를 활용하여 초기 문해력을 진단한다. 초등학교 3학
년 이후로는 한국교육과정평가원의 '국가수준 학업성취도 평
가'와 기초학력 보장과 관련한 검사 도구를 통해 문해력의 발
달 양상과 수준을 조금 더 뚜렷하게 파악할 수 있다.[14] 또한
한국교육과정평가원의 '맞춤형 학업성취도 자율 평가'와 서
울특별시교육청의 '서울 학생 문해력 진단검사' 등과 같이 학
교가 자율적으로 참여하는 조사 도
구 역시 늘어나고 있다. 만 15세가
되면 일정 수만큼 표집된 학교 학
생들이 **국제 학업성취도 평가**^{PISA}•
에 참여하여 OECD 회원국 중에서
우리나라의 문해력 수준이 어느 정
도 되는지 측정되기도 한다.

이처럼 학령기 시기에는 문해
력 조사가 학교를 중심으로 이루어
지므로, 학생이 조사에 성실하게 참

●국제 학업성취도 평가
(PISA; Programme for
International Student
Assessment)

만 15세 학생(중3·고1)을 대상
으로 기본 영역(읽기·수학·과학
소양) 및 혁신적 영역을 1국제
적으로 평가·비교하기 위해 3
년 주기로 시행된다. 이 중 혁신
적 영역은 매 주기마다 새롭게
선정되는데, 2022년의 혁신적
영역은 '창의적 사고력'이었다.

여하도록 이끄는 교사의 역할이 매우 중요하다. 또한 교사는 자신이 평소에 관찰한 학생의 문해력 발달 양상과 조사 결과를 비교하여 문해력 지도에 필요한 정보를 얻거나, 조사 결과를 다각도로 해석하여 학생의 문해력 발달을 지도할 수 있다. 이처럼 교사의 노력과 전문성은 학령기 학생의 문해력 발달과 교육에 큰 영향을 미친다.

다만 표집 학교 학생 대상의 '국가수준 학업성취도 평가' 및 '국제 학업성취도 평가'를 제외하고는 개별적 조사이거나 최근에 시작된 조사인 관계로 조사 결과 데이터가 충분하지 않은 실정이다. 또한 문해력 관련 조사가 전반적으로 '학령기'에 치중되어 있으며, 학령기 내에서도 한 개인의 문해력 발달 양상을 종단적으로 추적하기보다는 각 '학교급' 단위로 분절되어 조사가 이루어지고 있는 편이다. 이로 인해 한 사람의 문해력 발달을 개별적이며 누적적으로 촘촘하게 조사하여 그에 따라 문해력 교육을 실행하기에는 어려움이 있다.

성인기는 생애 주기에서 가장 긴 기간을 차지함에도 불구하고 아동기나 학령기만큼 조사가 활성화되어 있지 않다. 2000년대 이후 실행된 우리나라 성인의 문해력 수준 측정 관련 대규모 조사 연구로는 '한국 성인의 문해 실태에 관한 OECD 국제 비교 조사 연구'(한국교육개발원, 2001년), '한국

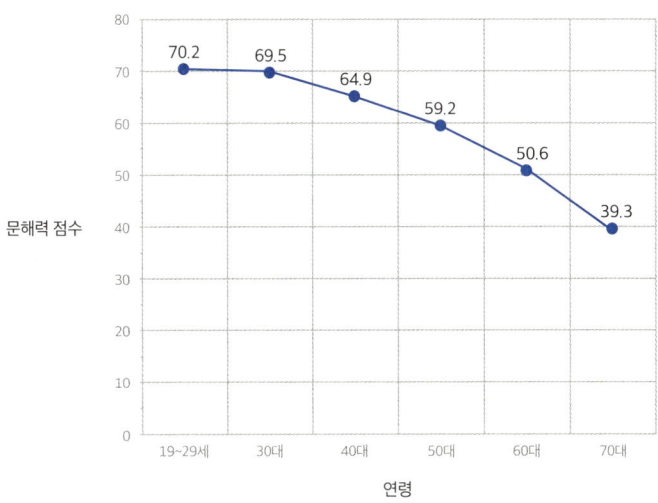

연령대별 문해력 평균 점수의 변화[15]　연령 증가에 따른 문해력 감소는 대부분의 성인에게서 관찰되는 현상이다.

성인의 비문해 실태 조사 연구'(한국교육개발원, 2002년), '국민의 기초 문해력 조사'(국립국어원, 2008년), '국민의 국어능력 평가/실태 조사'(국립국어원, 2013년, 2018년, 2023년) 등이 있다. 2000년대 이후 실시된 이들 조사 결과, 조사 개발 기관, 문항 내용, 문해력 수준 설정 등이 조사마다 달랐음에도 우리나라 성인의 약 70~80%는 일상생활에서 글을 읽고 쓰는 것이 가능하다는 유사한 결과를 보인다.

그러나 연령이 높아질수록 문해력 수준이 하락하는 경향이 있는 것으로 파악된다. 특히 2008년에 '기초 문해력'에 초점을 두고 국립국어원이 조사한 결과에 따르면, 조사 참여자의 학력과 무관하게 연령이 높아질수록 문해력 점수가 낮아지는 것이 확인되었다.[16]

교육부와 국가평생교육진흥원이 2020년에 실시한 '성인

구분	수준 정의	비율(%)	추정 인구(명)
수준 1	일상생활에 필요한 기본적인 읽기, 쓰기, 셈하기가 불가능한 수준 (초등 1~2학년 학습 필요 수준)	4.5	2,001,428
수준 2	기본적인 읽기, 쓰기, 셈하기는 가능하지만, 일상생활에 활용은 미흡한 수준 (초등 3~6학년 학습 필요 수준)	4.2	1,855,661
수준 3	가정 및 여가 생활 등 단순한 일상생활에 활용은 가능하지만, 공공 및 경제생활 등 복잡한 일상생활에 활용은 미흡한 수준 (중학 1~3학년 학습 필요 수준)	11.4	5,039,367
수준 4 이상	일상생활에 필요한 충분한 문해력을 갖춘 수준 (중학 학력 이상 수준)	79.8	35,184,815
전체		100	44,081,271

문해력의 수준[17] 교육부와 국가평생교육진흥원이 2020년에 실시한 '성인 문해 능력 조사' 내용이다. 우리나라 성인의 약 80%에 육박하는 성인이 일상생활에 필요한 충분한 문해력을 갖춘 수준 이상으로 조사되었다.

문해 능력 조사'에서도 유사한 경향을 확인할 수 있다. 우리나라에서 약 80%에 육박하는 성인이 일상생활에 필요한 문해력을 갖춘 것으로 조사되었는데,[18] 이 결과에 대해 누군가는 문해력 수준이 이미 매우 높으니 교육 필요성이 크지 않다고 말할지도 모른다. 그러나 앞선 조사와 마찬가지로 이 조사에서도 연령 증가에 따른 문해력 저하 현상이 두드러지게 나타났다. 또한 현대인에게 요구되는 문해력은, 일상생활에서의 의사소통 요구를 충족하는 수준으로는 부족하다는 점도 고려해야 한다.

2012년에는 OECD의 **'국제 성인 역량 조사**PIAAC'● 제1주기에 우리나라도 참여했다. 이 조사에서 우리나라의 문해력 평균 점수는 OECD의 평균과 동일한 수준으로 나타났다. 그러나 우리나라 성인의 문해력 수준은 20대 초반에 정점을 찍은 뒤 연령이 증가할수록 급강하여 노년층에 이르면 세계 최저 그룹에 속하는 수준이 되었으며, 그 격차가 참여국 중에서 가장 크게 나타났다.[19] 2024년 말에 발표된 제2주기 조사 결과에서도 유사한

● 국제 성인 역량 조사
(PIAAC: Programme for the International Assessment of Adult Competencies)

OECD가 주관하는 조사로서, 세계 각국의 인적 자원의 특성을 비교·분석하여 직업 능력 개발 정책에 활용하기 위한 목적으로 실시된다.

경향을 볼 수 있다. 문해력 평균 점수가 제1주기에 비해 큰 폭으로 하락하여 OECD의 평균 점수를 밑돌았으나, 16~24세 참여자는 OECD의 평균 점수를 상회했다. 즉 문해력의 세대 간 차이와 성인 문해력 문제가 여전히 존재하는 것이다.[20] 전 생애적으로 볼 때 연령 증가에 따른 문해력 감소는 특히 문해력이 낮은 수준에서 두드러지게 나타나기는 하지만 대부분의 성인에게서 관찰되는 현상이기도 하다.[21]

역시 문해력은 성인에게까지 적극적으로 '교육'되어야 한다. 새로운 문제를 빠르게 해결하는 능력과 관련되는 '유동 지능'이 노화와 더불어 낮아지는 것과 달리, 축적된 경험 및 언어·사회·문화적 능력과 관련되는 '결정 지능'은 성인기에도 일정 수준을 유지할 수 있다고 한다.[22] 따라서 지능 이론의 관점에서 볼 때, 성인기에도 교육을 통한 긍정적 강화를 기대할 수 있는 것이다. 또한 직무 환경 중심으로 문해력이 전문화되는 성인기 문해력의 특성을 고려할 때, 전문 분야 중심의 질적 발달도 기대할 수 있다.

학령기까지의 문해력은 학교를 중심으로 지속적으로 조사·교육되고 그에 따라 향상이 촉진된다. 그러나 성인기 이후에는 본인이 의식적으로 노력하지 않는 한 문해력 진단의 기회가 많지 않다. 직무 환경과 삶의 양상이 다양해지면서 요구되는 문해력도 세분화·전문화되어 표준화된 교육 목표를 상정하기 쉽지 않다는 것도 난점이다. 따라서 **성인 문해력 교육**에서는 자신의 문해력을 향상하겠다는 개인적 의지가 무엇보다 중요하다. 물론 그러한 의지를 가질 수 있도록 북돋고 의지를 실천할 수 있도록 지원하는 사회·문화적 분위기와 여건도 중요하다. 성인이 교육에 참여하며 문해력 향상을 실천할 수 있도록 하는 평생교육의 활성화도 이어져야 한다.

이제 문해력 교육은 학령기에 그쳐서는 안 되며 성인기를 포함하여 **생애 주기 교육**★의 관점에서 주기별 특성, 연령 간의 격차와 연령대별 학습 능력을 적극적으로 고려할 필요가 있다. 특히 중장년기 성인에 대한 평생교육이 개인적 노력의 차원에서는 물론 국가평생교육진흥원을 비롯한 전문 기관 중심의 제도적 지원 차원에서도 강화되어야 할 것이다.

★ **생애 주기 교육**
'교육'의 대상은 아동기와 청소년기를 포함한 '학령기 학생', '평생교육'의 대상은 '성인'인 것처럼 양분하여 이해하는 양상을 흔히 볼 수 있다. 그러나 교육 대상자가 학령기의 학생에게만 국한되지 않으며 성인까지 아울러 이루어져야 한다는 인식이 확산되며 '생애 주기 교육'이 조명되기 시작했다. 생애 주기 교육은 한 사람의 일생에 걸쳐 일어나는 발달 과정에 적합한 교육을 뜻한다.

Class 2.

생애 주기별 문해력

나는 지금
무엇을 해야 할까?

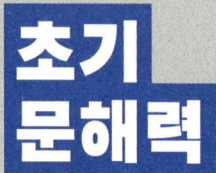

초기
문해력

💬 문해력 격차는 언제부터 벌어지기 시작할까?

문해력에 대한 관심은 언제부터 높아졌을까?

먼저 코로나-19 팬데믹을 지나면서 전 세계적으로 초점화된 학력 저하의 문제가 직접적으로 관련된다. 코로나-19 팬데믹 이후 청소년들의 학력 저하에 대한 인식은 문해력 저하에 대한 우려로 이어지는데, 이는 보통 한자어에 대한 청소년들의 몰이해 사례로 드러나곤 한다.

그런데 흥미로운 점은, OECD가 발표한 2022년 국제학업성취도 평가 결과를 살펴보면 우리나라의 평균 점수가 OECD 평균을 상회하고 있다는 점이다. 직전인 2018년 조사 때보다도 수학과 읽기에서 1점, 과학에서 9점 상승한 결과를 보였다. 국가 순위에서는 37개 OECD 회원국 중 수학은 2위, 읽기는 3위, 과학은 2위를 기록했다. 교육부가 2024년 6월 발표한 2022년 국제 학업성취도 평가 중 혁신적 영역인 '창의적 사고력' 평가 결과는 더욱 놀랍다. 우리나라는 60점 만점에 평균 38점으로 OECD 28개국 중에서는 1~3위, 전체 64개국 중에서는 2~4위의 순위를 기록한 것이다. 이러한 결과는 최근 우리 사회가 청소년들의 문해력에 대해 우려하는 것과는 다소 차이가 있다.

우리나라 청소년들의 평균적 문해력이 전 세계적으로 뒤떨어지지 않고 상위권을 유지하고 있다면 문제는 무엇일까? 우리는 일차적으로 그 답을 '평균의 함정'에서 찾아볼 수 있다. 평균의 함정은 평균값이 실제 상황의 파악을 오히려 방해하는 것을 뜻한다. 평가 결과 문해력의 평균 점수가 높고 이로 인해 국가 순위가 높다고 하더라도, 이것이 개별 청소년의 문해력 상황을 대변한다고 보기는 어렵다.

개별적인 결과를 다시 살펴보자. 교육부가 2024년 6월 발표한 '2023년 국가수준 학업성취도 평가' 결과에 따르면, 국어와 수학 교과의 경우 중고등학생의 보통 학력 이상 비율은 하락 추세에, 기초학력 미달 비율은 증가 추세에 있다. 우리나라 청소년들 중에 보통 수준의 학력을 갖춘 학생의 수는 줄어들고 기초학력도 갖추지 못한 학생의 수는 늘어났다는 것이다. 앞선 자료와 결합해 생각해 보면, 잘하는 학생과 그렇지 못한 학생의 격차가 벌어지고 있는 것이다.

문해력의 격차 문제는 비단 청소년들에게만 국한된 것이 아니다. OECD가 발표한 '2013년 국제 성인 역량 조사' 결과를 보면 한국의 연령대별 격차가 조사 대상국 가운데 가장 큰 것으로 나타났다. 한국 성인의 언어능력은 16~24세로 한정하면 상위권 수준이지만 16~65세의 경우 OECD 평균 수준이다. 특히 컴퓨터 기반 문제해결력은 16~24세의 경우 상위 수준의 비율이 OECD 평균보다 높은 최상위 수준임에 비해, 55~65세의 경우 OECD 평균인 11.7%보다 훨씬 낮은 3.9%인 최하위 수준인 것으로 나타난다. 컴퓨터 기반 문제해결력은 정보를 획득, 평가하고 타인과 의사소통하며 실제적인 과업을 수행하기 위해 디지털 기술, 도구, 네트워크를 활용하는 능력으로서 문해력과도 밀접한 관련을 지닌다.

문해력의 격차가 문제라면, 이러한 격차는 언제부터 벌어지기 시작하는가.

앞에서도 언급했지만, 인간의 성장을 문해력 발달의 관점에서 보면 발달 단계에 따라 '초기 아동기 문해력(~초등학교 2학년), 중기 아동기 문해력(초등학교 3학년~6학년), 청소년 문해력(중학교 1학년~고등학교 3학년), 성인 문해력(고등학교 3학년 후~)'으로 나누어 살펴볼 수 있다.[1] 인간은 태어나면서부터 일상적인 언어를 사용하며 문해력을 발달시키고, 학교라는 공적인 학습 기관에 진입하면서 학습을 위한 문해력도 발달시켜 나간다. 이후 다양한 소통 상황과 양식을 경험하며 문해력의 내용과 양식이 확장되고, 성인기에 이르러서는 직업과 관련된 문해력도 발달시키게 된다.

이 중에서 특히 초기 아동기는 문해력 격차가 벌어지기 시작하고 또 심화된다는 점에서 중요하다. 라일리J. L. Riley라는 학자는 초등학교 입학 직후인 만 5세 무렵 아이들의 교실에서 5년 정도의 발달 편차가 발견된다고 보고한 바 있다. 즉, 초등학교 1학년 교실의 어떤 아이가 전형적인 만 3세 수준의 읽기 능력을 보일 때 다른 아이는 만 8세 아동의 읽기 능력을 보인다는 것이다.

문제는 초기 아동기의 이러한 격차가 학년이 올라가도 쉽게 좁혀지지 않는다는 데에 있다. 스타노비치K. E. Stanovich라는 학자는 이른 시기에 읽기에서 높은 성취를 보인 아동이 성장한 후에도 뛰어난 읽기 능력을 보이는 반면, 초등학교 3~4학년 이전에 읽기 학습에서 실패를 경험한 아동은 이후 평생 동안 읽기에 어려움을 겪는 현상을 발견하고 이러한 현상을

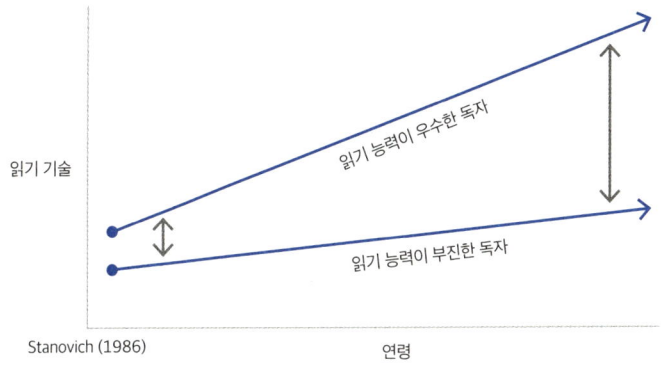

문해력에서의 마태 효과[2] 읽기 능력 격차는 시간이 지날수록 커진다. 이를 통해 문해력 문제를 빨리 발견할수록 해결해야 할 문제가 줄어든다는 것을 알 수 있다.

'읽기에서의 매튜 이펙트The Mattew Effect(마태 효과)'라 칭한 바 있다. 마태 효과는 성경의 마태복음 13장 12절 "무릇 있는 자는 받아 넉넉하게 되되 무릇 없는 자는 그 있는 것도 빼앗기리라."라는 구절에서 비롯된 것으로, 문해력 격차에서 비롯되는 문해력의 부익부빈익빈富益富貧益貧 현상을 일컫는다.

현재 우리 사회에서 보다 관심을 가져야 할 문제는 바로 이런 문해력 격차의 문제이다. 그리고 초기 아동기는 문해력 격차의 시작점으로서 중요한 의미를 지닌다. 초기 아동기의 문해력 발달 격차는 아동의 학교 생활 전반에서 학습의 실패로 이어질 수 있기 때문에 이후의 문해력 발달에 결정적인 영향을 미친다.

초기 아동기의 문해력을 **초기 문해력**early literacy이라 한다. 초기 문해력은 기능적 문해력, 미디어 문해력, 비판적 문해력 등 이후 학습 과정에서 발달하게 되는 다양한 문해력의 전제 조건이자 토대로서 중요한 의미를 지니며, 동시에 그 자체로 초기 아동기에 완성되어야 하는 능력이다.

초기 문해력 격차를 줄이고 문해력 발달을 지원하기 위해 가장 먼저 필요한 것은 적절한 진단이다. 아동의 현재 문해력 발달이 일반적인 발달 곡선에 위치하는지를 파악해야 이후에 필요한 지원을 적정한 시기에 제공할 수 있다. '국가기초학력지원센터'(https://k-basics.org)에서는 초기 문해력을 진단하기 위한 다양한 진단 도구 및 학습 자료를 배포하고 있어 참고할 수 있다. 탑재된 검사지를 다운로드하여 개인이 검사를 실행하고 보충 자료도 찾아볼 수 있다.

검사 결과까지 보고 싶다면 진단 사이트를 활용할 수도 있다. '한글 또박또박'(http://www.ihangeul.kr), '웰리미'(https://hg.mirae-n.com) 등의 사이트를 활용하면 자가 진단 후 개인의 점수와 수준에 대한 결과를 확인할 수 있고 학습 방향에 대한 안내도 제공받을 수 있다.

진단 이후에는 아동의 수준과 흥미에 맞는 읽기 텍스트를 활용한 프로그램을 제공해야 한다. 청주교육대학교 문해력지원센터에서 개발한 '읽기 따라잡기' 프로그램이 좋은 사례가 된다. 이 프로그램에서는 초기 문해력 교육에서 텍스트의 수준을 평정評定하기 위해 '장르/형식, 텍스트 구조, 내용, 단어, 문장, 어휘, 삽화, 책'을 범주화하여 유치원에서 초등학교 2학년까지(K-2)를 대상으로 한 그림책의 수준을 0~13

한글 또박또박
QR코드

웰리미 QR코드

까지의 책 발자국으로 단계화하고, 실제 각 단계에 맞는 그림책 48권을 '책 발자국 K-2 수준 평정 그림책 시리즈'로 제시하고 있다.[3] 수준에 맞는 책을 같이 읽음으로써 아동의 읽기 흥미를 높이고 문해력 향상을 지원할 수 있다.

	BFL 지수	대상	'책 발자국 K-2 수준 평정 그림책 시리즈' 대상 도서명
유치원	BFL 0	• 대부분의 취학 전 아동 • 환경 인쇄물과 글에 주목하기 시작하며 익숙한 책을 읽는 시늉을 함.	• 마트 • 얼굴 • 의자 • 집
	BFL 1	• 부모 및 교사와 함께 비형식적인 방법으로 읽기와 쓰기 활동 학습 • 말소리와 글에 대한 상위인지적 인식의 기초 형성	• 놀이터 • 바다 • 식탁 • 좋아요
	BFL 2	• 단어와 음절 수준에서 구어와 문어를 대응시키며 자소와 음소의 대응 관계를 터득하기 시작함. • 읽고 쓸 수 있는 쉬운 단어들의 목록이 늘어남.	• 도토리 키 재기 • 딱지치기 • 봄꽃 • 토요일 아침
초등 1학년	BFL 3	• 자신의 읽기에 대한 모니터링과 교차 점검 시도 • 유치원 수준이지만 1학년 경계 수준과 겹침.	• 무궁화꽃이 피었습니다 • 무지개 • 병아리 • 옷 입기
	BFL 4	• 자주 접한 단어들을 재빠르게 읽어 내며, 아는 것을 활용하여 새로 접하는 단어를 풀어냄. • 복잡하지 않은 음절체 글자들을 읽으며 기본적인 말미 자음을 처리함.	• 내 동생 • 돌이와 똘이 • 우산 • 지렁이가 뭐가 무서워
	BFL 5	• 자기의 읽기에 대한 모니터링과 교차 점검 시도 • 1학년 시작 수준	• 운동회 • 생일 • 쉿, 비밀이에요 • 봄에 피는 꽃

초등 1 학년 / 초등 2 학년	BFL 6	• 재빠르게 읽을 수 있는 단어 리스트의 지속적 확장 • 자소-음소 대응 관계의 기초 확립 • 구어적으로 아는 새로운 단어들을 어렵지 않게 읽어 내며 익숙한 책을 유창하게 읽음.	• 누나 방 • 동물원 • 키 재기 • 해와 바람
	BFL 7	• 옛이야기를 읽기 시작함. • 자기 모니터링과 교차 점검 활용 • 1학년 수준이며 2학년 경계 수준과 겹침.	• 삼년고개 • 선물 • 해수욕 • 제비
	BFL 8	• 자동적으로 처리하는 단어 늘어남. • 구어적으로 아는 거의 모든 단어를 읽을 수 있으며 철자법에 반응하기 시작함. • 정보 텍스트를 읽기 시작함.	• 동물들의 나이 자랑 • 뻐꾸기의 비밀 • 이 빼기 • 우리 동네
	BFL 9	• 문제 해결을 위해 자기 모니터링과 교차 점검 활용 • 처음 접한 단어의 의미 추측함. • 2학년 시작 수준과 겹침.	• 동물들의 겨울나기 • 밥 주세요 • 부지런한 꿀벌 • 하늘을 나는 꿈
	BFL 10	• 묵독이 익숙해지기 시작하며, 적절한 수준의 텍스트를 유창하게 소리 내어 읽음. • 상당히 많은 단어들을 자동적으로 인식함. • 자기 모니터링을 하며 문제 해결을 위해 교차 점검을 능숙하게 함.	• 방귀 시합 • 축구
	BFL 11	• 설명 텍스트에 아이들이 모를 수도 있는 새로운 정보가 제시되기 시작함. • 2학년 1학기 기대 수준이며 3학년 경계 수준과 겹침.	• 까막나라 불개 • 식물의 여행

초등 2 학년	BFL 12	• 묵독이 익숙해지며, 적절한 수준의 텍스트를 유창하게 소리 내어 읽음. • 상당히 많은 단어들을 자동적으로 인식함. • 자기 모니터링을 하며 문제 해결을 위한 교차 점검을 능숙하게 함. • 설명 텍스트에 아이들이 모를 수도 있는 새로운 정보가 제시되기 시작하며, 서사 텍스트에 역사적 배경이 있는 옛이야기가 등장함. • 2학년 2학기 기대 수준이며 3학년 시작 수준과 겹침.	• 임금님 귀는 당나귀 귀 • 잠을 자야 하는 이유
	BFL 13	• 묵독이 익숙해지며, 적절한 수준의 텍스트를 유창하게 소리 내어 읽음. • 상당히 많은 단어들을 자동적으로 인식함. • 자기 모니터링을 하며 문제 해결을 위한 교차 점검을 능숙하게 함. • 설명 텍스트에 아이들이 모를 수도 있는 새로운 정보가 제시되기 시작하며, 서사 텍스트에 역사적 배경이 있는 옛이야기가 등장함. • 2학년 2학기 기대 수준이며 3학년 시작 수준과 겹침.	• 개 • 연오랑과 세오녀

책 발자국 Book Footprint Level(BFL): **BFL 각 단계별 내용과 도서명[4]** 유치원에서 초등학교 2학년까지를 대상으로 한 그림책의 수준을 0~13까지의 책 발자국으로 단계화하고, 실제 각 단계에 맞는 그림책 48권을 '책 발자국 K-2 수준 평정 그림책 시리즈'로 제시했다.

한글을 빨리 떼면 문해력도 빨리 길러질까?

6세 아이를 둔 엄마 김 씨는 요즘 아이를 보며 종종 불안해한다. 이제 1년이 지나면 초등학생이 되는데 아이가 아직 책을 못 읽기 때문이다. 쉬운 낱말은 띄엄띄엄 읽을 수 있는데 그림책을 스스로 읽기는 쉽지 않다. 쓰기는 아직 자기 이름밖에 쓸 줄 모른다. 김 씨는 이미 한글을 떼고 또박또박 글을 읽고 쓰는 다른 아이들을 보며 우리 아이만 뒤처지는 것은 아닐까 불안해한다.

흔히 말하는 '한글 떼기'에 대한 학부모들의 근심과 걱정은 시대와 세대를 막론하고 동일하게 반복되는 듯하다. 내 아이가 다른 아이보다 뒤처지는 것은 아닐까, 학교생활이 어렵지는 않을까 걱정하는 것이다. 특히 앞서 살펴본 것처럼, 초기 아동기의 문해력 격차가 중요하다는 정보를 얻게 되었다면 그 불안은 더 커질 수도 있다.

초등학교 입학을 앞둔 나이가 되면 아동은 한글의 각 문자와 소리의 대응 관계를 터득하고 비록 유창하지는 않을지라도 글을 소리 내어 읽을 수 있고 일상생활에서 자주 쓰이는 어휘에 대한 이해력도 일부 갖추게 된다. 이 시기의 아동은 'ㄱ'의 명칭이 '기역'이라는 것은 몰라도 그 소릿값이 /ㄱ/이라는 것을 알고 'ㄱ'이 포함된 새로운 단어를 만나면 이러한 규칙에 따라 읽어 낼 수 있게 된다.

학부모들의 불안은 문자를 빨리 익히면 문해력이 함양될 것, 곧 잘 읽고 잘 쓸 것이라는 오해에서 비롯된다. 물론 초등학교 입학을 앞둔 6~7세의 아동은 발달상 초기 문해력 단계로서 앞서 말한 문자-소리 대응 관계를 토대로 [나비]와 [나무]가 다른 소릿값을 갖는다는 사실을 인식하고 음절 단위에서 서로 다른 소릿값 [비]와 [무]를 구별해 낼 수 있어야 한다. "[나비]랑 [나무]가 소리가 같아, 달라? 그러면 어디가 달라?"와 같은 물음에 답할 수 있어야 하는 것이다. 그러나 이것이 곧 '나비'와 '나무'라는 글자를 가능한 빠른 시기에 읽을 수 있거나 쓸 수 있어야 함을 의미하지는 않는다.

근래 초등학교 저학년에서는 문해력 강화를 위해 받아쓰기가 강조되고 있는 모양새다. 그러나 정확하게 쓰기에 대한 지나친 강조는 오히려 아동의 읽기·쓰기 흥미를 떨어트릴 수 있다. 초기 문해력 단계에서 문자를 익히고 정확하게 쓰는 것보다 중요한 것은 언어에 대한 폭넓은 경험이다. 다음과 같은 사례를 살펴보자.

어린이 약 상자로 보는 문해력　초기 문해력 시기의 아동이 문자를 모른다고 해서 이 약이 무엇인지 모르는 것은 아니다.

글자를 모르는 5세 아동이 이 약 상자를 보고 "엄마, 나 콧물 약 먹어야 해?"라고 물었다. 이 아동은 어떻게 이 약이 콧물 약인지 알았을까?

초기 문해력 시기의 아동이 문자를 모른다고 해서 언어를 모르는 것은 아니다. 오히려 이 시기의 아동은 문자를 모르기 때문에 문자 외의 다양한 기호로 세상을 익히고 배운다. 병원에 가서 의사 선생님과 마주하고 대화해 본 경험, 또는 주변 누군가와 병원놀이를 해 보았거나 병원 관련 그림책을 본 경험이 있는 아동은 약 상자에 그려진, 캐릭터가 머리에 쓴 반사경이 무엇인지는 몰라도 이것이 의사를 뜻하는 것임을 알 수 있고 이는 약에 대한 추론으로 이어진다. 또 캐릭터가 흘리는 콧물은 이 약이 콧물 약임을 드러낸다. 이에 더해 아동은 작은 딸기 모양을 보고 이 약이 딸기 맛이라는 정보도 알아낸다. 약의 맛은 아동에게 중요한 정보이기 때문에 때론 어른들보다 더 쉽게 이러한 정보를 파악해 낸다. 자신의 언어 생활에서 경험한 바를 종합하고 추론하면서 문자 외에 다양한 기호로 의사소통을 하는 것이다.

아동은 태어나면서부터 주변의 수많은 그림과 기호, 소리와 영상을 통해 다양한 언어적 경험을 하며, 이는 아동 문해력의 뿌리가 된다. 이것이 바로 발생학적 문해력의 관점이다. 발생학적 문해력의 관점은 아동이 어느 발달 단계에 이르러야 문해력을 함양할 수 있는 것이 아니라, 태어나면서부터 겪는 모든 언어 경험이 뿌리가 되어 문해력이 자라날 수 있다고 보는 관점이다.

한 인간이 태어나서 주변을 둘러싼 수많은 '**의미화**★의 결과'를 마주하고 경험하면서, 비로소 문해력은 뿌리내리고 자라기 시작한다. 중요한 것은 풍부하고 다양한 언어적 경험을 통해 세상을 언어로 읽어 내는 능력을 키우는 일이다. 초기 문해력 시기에 부모와의 의사소통, 주변 사람들이 대화하는

★ **의미화**

세상을 경험하고 이를 언어로 표현하는 것은 일종의 의미를 부여하는 일이다. 아동은 주변의 타인이 무언가를 지시하며 이름을 붙이는 행위를 보면서 무의미한 것을 의미 있는 말로 인식하고 언어를 습득해 나간다. 이런 점에서, 할리데이라는 학자는 언어화 과정을 '의미하기(meaning)'라고 부르기도 한다.

소리, 누군가가 읽어 주던 그림책, 각종 전단지의 사진과 그림, 다양한 영상물의 소리와 이미지를 흘려보내지 않고 의미화하는 경험이 중요한 것이다.

이를 '가족 문해력'이라는 개념으로 포괄할 수 있다. 가족 문해력은 '가족 공동체가 듣고 말하며 읽고 쓰는 의사소통의 방식과 문화'를 일컫는다.[5] 수학 교과이긴 하지만, 외국에서

는 'Family Math'라는 분야가 별도로 존재할 정도로 가족 공동체에서 놀이를 통한 일상적인 수학적 경험을 중시한다. 언어적 경험도 마찬가지이다. 학령기 이전의 아동은 가족 공동체 속에서 일상적인 의사소통을 경험함으로써 문해력의 뿌리를 강화할 수 있다.

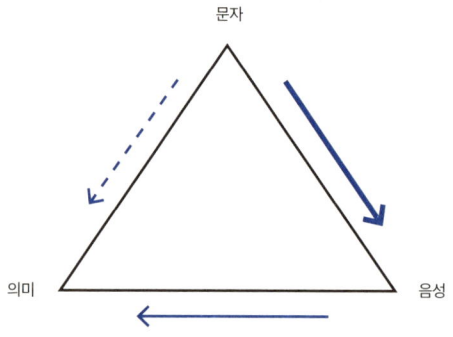

초기 읽기 과정⁶ 초기 읽기 과정은 '문자'에서 '의미'로 바로 이어지지 않고, '음성'을 거쳐 '의미'에 이르게 된다.

여기 초기 읽기 과정을 나타내는 삼각형이 있다. 읽기 과정을 '문자'와 그 '의미'를 대응시키는 과정이라 할 때, 초기 읽기 과정은 '문자'에서 '의미'로 바로 이어지지 않고 '문자'에서 '음성'을 거쳐 '의미'에 이르게 된다. 문자 학습 이전의 아동은 코끼리에 대한 실제 경험이나 영상, 그림책을 통한 언어적 경험을 통해 '코끼리'가 무엇인지 알고(의미) 그것을 [코끼리](음성)라고 부른다는 것을 안다. 초기 문해력 단계에서 글자를 소리 내어 읽는 과정은 이 의미와 음성에 문자를 연결해 주는 과정이다. 아동은 '코끼리'라는 문자를 [코끼리]라고 읽음으로써 기존에 자신이 알던 '코끼리'의 의미와 음성에 문자를 연결해 간다. 애초에 동물원, 영상, 그림책 등에 등장하는 '코끼리'에 대해 "이게 코끼리야."라고 말하고 듣는 언어적 경험이 없었다면 이러한 초기 읽기는 원활하게 이루어지지 않을 것이다.

물론 문자를 아는 것이 중요하지 않다는 것은 아니다. 초기 아동기에 기본적인 문자와 소리의 대응 관계를 익히는 일은 이후 문해력 발달에서 반드시 필요한 전제 조건이 된다. 다만 우리가 문자를 가르치는 목표가 무엇인지를 잊어서는 안 된다.

문식이라는 아이는 일찍 한글을 뗐지만 언어를 통해 세계를 읽어 낸 경험이 부족하여, 맥락에 따라 글을 읽어 내고 이해하는 능력이 부족하다. 반면, 문해라는 아이는 한글 떼기는 문식이보다 늦었지만 주변 사람들과 수시로 대화하고, 이야기도 지어 보고, 시장놀이를 하고, 친구에게 그림 편지도 써 주는 등 다양한 언어 경험을 했다. 결과적으로 문해는 문자는 상대적으로 늦게 익혔지만, 문자를 익힌 후에는 글을 제대로 읽고 쓰는 데에 큰 어려움을 겪지 않는다. 어떤 아동이 우리의 목표일까? 초기 문해력 교육의 지향은 후자에 있다.

아동기, 청소년
문해력

기능적 문해력 ①

선생님은 왜 그토록 교과서를 소리 내어 읽게 했을까?

─────────────────────────

"문해야, 일어나서 교과서 35쪽 읽어 볼까?"

학생 한두 명을 일으켜 세워 교과서를 소리 내어 읽히셨던 선생님. 또박또박 읽으려고 애를 쓰던 친구가 잘못 읽거나 더듬거리면 '하하' 하고 웃음바다가 되곤 했던 초등학교 교실에 대한 기억을 떠올려 보자. 자신의 실수를 유쾌하게 넘겼던 친구도 있었겠지만, 부끄러움 때문에 하루 종일 의기소침해 있던 친구도 있었을 것이다. 잘못 읽는 순간, 곧바로 자신의 실수가 드러나기 때문에 소리 내어 읽기를 두려워하는 학생들도 꽤 있었을 것이다. 그럼에도 그때 그 시절 우리의 선생님은 왜 그토록 교과서를 소리 내어 읽히셨던 걸까?

그 시절 선생님의 의도를 다 헤아리기는 어렵겠지만, 문해력 교육의 관점에서 초등학교 선생님들이 학생들에게 교과서나 글을 소리 내어 읽도록 시키는 이유는 **읽기 유창성**reading fluency 또는 **낭독 유창성**oral reading fluency 신장과 관련지어 생각해 볼 수 있다.

읽기 유창성이란 단어나 문장, 글 등을 읽는 데 의식적인 노력을 기울이지 않고, 빠르고 정확하게, 문맥에 맞게 자연스럽게 감정을 살려 읽을 수 있는 읽기 기능이자 능력을 뜻한다. 읽기 유창성은 읽는 단위에 따라 '단어 읽기 유창성', '문장 읽기 유창성' 등으로 나뉠 수 있다. 개별 단어를 정확하고 빠르게 읽을 수 있더라도 여러 단어가 일정한 의미 관계로 묶여 구성된 문장을 읽을 때 더듬거리거나 어색한 곳에서 띄어 읽는 경우, 단어 읽기 유창성은 획득했지만 문장 읽기 유창성은 획득하지 못한 상태로 볼 수 있다.

'유창하게 읽는가?'를 판단할 때에는 ① 정확성, ② 자동성(빠른 속도), 그리고 ③ 운율성(표현력)의 세 가지 요소를 기준으로 삼는다.

우선, 정확성이란 글을 구성하는 단어나 문장을 오류 없이, 올바르게 소리 내어 읽을 수 있는지와 관련된다. 자동성은 속도의 문제로, 글을 얼마나 빠르게 소리 내어 읽을 수 있느지와 관련된다. 글을 소리 내어 읽는 속도가 빠르다는 것은 글을 구성하는 단어나 문장을 처리하는 데 의식적인 노력을 많이 기울이지 않는다는 것을 의미한다. 이를 **자동화**되었다'라고 한다. 마지막으로 운율성은 표현성 또는 표현력이라고도 일컫는 것으로, 문장이나 글을 문맥에 맞게 감정을 살려 읽고, 적절한 부분에서 끊어 읽을 수 있는지와 관련된다. 즉, 문장이나 글의 의미에 걸맞게 감정을 살려 읽는가, 의미 이해에 방해되지 않도록 자연스럽게 끊어 읽는가, 문장의 내용이나 글의 흐름에 따라 소리의 높낮이나 강약을 적절하게 표현하는가 등과 관련된다.

흔히 '유창하게 읽는다'라고 하면 정확하게 읽는가, 특히 빠르게 읽을 수 있는가에 주목하곤 한다. 하지만 글자를 빠르고 정확하게 읽을 수 있더라도 글의 흐름이나 내용에 맞게 적절한 곳에서 끊어 읽지 못하거나 인공지능 AI처럼 '어떠한 감정도 없이' 딱딱하게 읽는 사람에게 '유창하게 읽는다'라고 말할 수는 없다.

진정한 의미에서 읽기 유창성을 획득했다는 것은 위 세 가지 요소를 두루 갖춘 경우를 일컫는다. 가령, A와 B가 다음 문장을 읽은 결과를 살펴보자.

아버지가방에들어가신다

A: 아버지가방에∨들어가신다 (총 읽은 시간: 2초 / 부정확하게 읽은 글자 없음)

B: 아버지가∨방에∨들어가신다 (총 읽은 시간: 2.2초 / 부정확하게 읽은 글자 없음)

위 경우에 A와 B 중에 누가 더 유창하게 읽은 것이라 할 수 있을까? 속도만 놓고 보면 A가 더 잘 읽은 것으로 보인다. 그러나 속도는 A가 더 빠르더라도 진정으로 유창하게 읽은 사람은 B이다. 글의 내용이나 의미를 충분히 고려하지 못한 상태에서 그저 빠르게만 읽는 것은 유창하게 읽는 것이 아니다.

한편, 연령이 많아질수록, 그리하여 읽어야 할 단위가 단어에서 구, 절, 문장으로 확대될수록 읽기 유창성을 갖추었는지를 판단할 때에 '운율성'의 측면이 더욱 중요해진다. 단어를 정확하고 빠르게 소리 내어 읽는 것은 곧잘 하더라도, 문장이나 글의 내용에 맞게 적절한 곳에서 끊어 읽거나 감정을 살려 읽는 것에는 어려움을 겪을 수 있다.

왜 이러한 문제가 발생하는 것일까? 감정을 살려 읽고, 적절한 곳에서 끊어 읽기 위해서는 글의 의미를 파악할 수 있어야 하기 때문이다. 유창성의 세 가지 요소 중 운율성은 의미 이해, 즉 글을 읽고 이해하는 능력을 일컫는 독해 능력과 강한 상관성을 갖는 것으로 알려져 있다. 미국 초등학생들의 읽기 발달을 종단적으로 조사한 한 연구에 따르면, 초등학교 1~2학년 때 읽기 유창성을 획득한 아동일수록, 특히 성인과 유사하게 표현력 있게 읽는 아동일수록 초등학교 3학년 말에 독해력 수준이 높은 것으로 나타났다.

이러한 연구 결과는 읽기 유창성 중에서도 운율성이 독해력 발달에서 중요한 역할을 한다는 것을 보여 준다. 문해력이 단순히 글자를 읽고 쓰는 기능이 아니라, 그 글자들이 모여 어떤 '의미'를 나타내는 것인지를 이해하고 표현할 수 있는 능력임을 고려했을 때, 문해력 발달에서 읽기 유창성의 발달, 특히 운율성의 발달은 매우 중요한 부분이라 하겠다.

이러한 이유로 읽기 유창성은 한글로 적힌 단어를 소리내어 읽을 수 있는 능력인 **해독**decoding★과 글의 의미를 파악할 수 있는 글 이해 능력인 **독해력** reading comprehension 을 잇는 가교 능력으로 여겨진다. 읽기 유창성을 획득하지 못하면, 독해력의 신장을 기대하기는 어렵다. 다시 말해, 해독을 넘어 독해

력을 신장하기 위해서는 반드
시 읽기 유창성을 갖추어야 한
다.

★ 해독(decoding)
문자와 소리의 대응 관계를 이해하여
단어를 정확히 발음하고 인식하는 능
력. 한글 단어를 해독할 수 있다는 것
은 '나무'를 [나무]로 읽고, '국물'을
[궁물]로 소리 내어 읽을 수 있다는
것을 의미한다. 한글 단어 읽기에서
는 '국물'처럼 표기와 발음이 불일치
하는 경우가 있으므로, 해독 기능을
습득하기 위해서는 다양한 단어를 소
리 내어 읽는 연습을 충분히 하는 것
이 중요하다.

생각해 보자. 정확하게 읽
지 못하거나 떠듬거리며 읽는
아이가 글의 내용을 잘 파악
할 리 없다. 글을 읽어도 의미
를 잘 파악하지 못하는 사람에
게 글을 소리 내어 읽도록 해
보면, 떠듬거리며 읽거나 어색한 곳에서 끊어 읽는 등의 모습
을 보일 가능성이 높다. 유창하게 읽을 수 있어야, 의미 파악
에 집중할 수 있다. 글을 소리 내어 읽는 연습을 통해 읽기 유
창성을 획득하는 것이 초기 읽기와 문해력 발달의 핵심 과업
으로 여겨지는 것은 이러한 이유 때문이다.

구체적으로 유창하게 읽는 능력이 어떻게 독해력, 즉 글
이해에 영향을 미치는 것일까? 독자가 글의 의미를 파악하기
위해서는 한글로 적힌 개별 단어들을 정확하고 빠르게 해독
하고, 이들 단어를 더 큰 단위(예: 문장, 문단, 글 단위)로 통합
하여 그 의미를 이해할 수 있어야 한다. 만약 개별 단어를 빠
르고 정확하게 소리 내어 읽지 못한다면, 즉 단어 읽기 유창

성을 획득하지 못했다면, 글을 읽을 때 글자 해독에 많은 시간을 쓰고 집중해야 한다. 그러다 보니 단어 간의 의미를 연결해서 문장이나 문단의 의미를 이해하는 데에는 상대적으로 많은 노력을 기울이지 못하게 된다.

문장 읽기 유창성을 획득하지 못한 경우도 마찬가지이다. 문장 단위의 의미 처리에 집중해야 함에 따라, 문단이나 글 등 더 큰 단위의 의미 처리에 어려움이 생겨 글 전반을 이해하는 데 많은 노력을 기울이지 못하게 되는 것이다. 이와 달리, 읽기 유창성을 획득한 독자는 글자 해독을 자동적으로 처리한다. 이에 따라 글의 의미를 이해하는 데 더 많은 주의를 집중할 수 있게 되며, 노력의 양만큼 의미 이해 수준은 높아질 수밖에 없다.

이러한 원리는 학창 시절, 영어 지문을 독해하는 상황을 떠올려 보면 쉽게 이해할 수 있다. 어렵고 낯선 단어들로 구성된 문장을 마주했을 때, 우리는 어떻게 글을 읽어 나갔는가? 대체로 개별 단어들을 더듬더듬 소리 내어 읽으며 그 뜻을 떠올린 후, 다시 단어들을 조합해 읽으며 문장의 의미가 무엇인지를 파악하는 방법을 택했을 것이다. 반면, 쉽고 익숙한 단어들로 구성된 영어 문장을 읽을 때는 어떠한가? 단어를 읽는 것과 동시에 의미 처리를 할 수 있다. 해독이 자동화되었기 때문에 의미 이해에 많은 노력과 에너지를 투자하여 빠르고 정확하게 독해해 낼 수 있게 된 덕이다.

이처럼 유창성을 획득하지 못한 독자는 일차적으로 글자를 해독하는 데 총력을 기울일 수밖에 없다. 이러한 상태에서 문장, 나아가서는 글의 전체적 의미를 파악하기란 쉽지 않다. 생략된 정보를 추론하거나 글의 타당성을 비판하면서, 관련된 배경지식이나 상황을 떠올리며 생각을 확장해 나가기도 어렵다.

반면, 유창성을 획득한 독자는 글자 해독에 투자할 노력을 의미 이해에 집중할 수 있게 됨에 따라 점차 더 깊게 사고할 수 있고, 의미 처리를 요구하는 복잡한 텍스트도 읽을 수 있게 된다. 이 과정에서 더 많은 정보와 지식을 습득할 수 있을 뿐 아니라 꾸준한 독해 경험을 바탕으로 독해력의 향상을 꾀할 수 있다.

읽기 유창성은 고차원적인 수준의 읽기 능력을 개발하고, 학업적·지적 성취와 성장을 실현하는 데 필수적이다. 이러한 이유로 읽기 유창성의 획득은 초기 읽기 발달기뿐 아니라 청소년기, 나아가서는 성인기의 문해력 발달에서도 매우 중요하다.

그렇다면 이렇게 중요한 읽기 유창성을 획득하기 위해서

는 어떻게 해야 할까? 자녀나 학생을 어떻게 가르쳐야 할까? 또는 나 자신의 문해력 신장을 위해 어떤 노력을 해야 할까?

읽기 유창성을 기르는 최고의 방법은 '반복'과 '연습'이다. 양적으로 충분히 '많이', 그리고 스스로 '직접' 소리 내어 읽는 연습을 실제로 하는 것이 중요하다. 학교 선생님들이 학생들의 유창성을 신장시키기 위해 교사의 읽기를 모방하여 따라 읽는 '메아리 읽기', 다 같이 큰 소리로 함께 읽는 '합창 읽기', 일정 단위(예: 한 문장) '번갈아 가며 읽기', 목소리의 어조나 억양, 속도 등을 조절하며 대사에 담긴 감정을 전달하는 데 중점을 두어 대본을 읽는 '목소리 연극' 등의 방법을 사용하는 것도 모두 이러한 원리에 바탕을 두고 있다. 마치 운동선수가 훈련을 하듯이, 그저 다른 사람이 소리 내어 읽는 것을 바라보거나 듣는 것이 아니라, 직접 읽어 보고, 또 반복해서 연습하는 것이 무엇보다 중요하다.

어떤 글로 유창성 훈련을 하는지도 중요하다. 유창성의 세 요소 중 어떠한 요소를 강조하는지에 따라, 또는 훈련에 참여하는 사람의 연령에 따라 연습용 글의 수준이나 요건은 달라질 필요가 있다.

이제 막 글자 읽기를 배우는 초기 독자들은 자동성과 정확성에서부터 어려움을 겪는 경우가 많다. 그러므로 초기 독자들은 대체로 이미 정확하게 읽을 수 있는 단어가 90% 정도 포함되어 있는 글을 대상으로 연습하는 것이 권장된다.

유창성의 한 축인 운율성은 의미 이해 문제와 밀접하게 관련되어 있으므로, 운율성 신장을 목표로 할 경우에는 이미 알고 있는 단어들로만 구성된 글은 적절하지 않을 수 있다. 어느 정도의 유창성을 획득한 사람에게도 마찬가지이다. 이 경우에는 익숙하지 않은 단어가 포함된 글을 활용하여 연습하는 것이 좋다. 이 과정에서 새로운 어휘를 익힐 수 있으며, 복잡한 의미 처리를 시도하는 연습을 병행할 수 있기 때문이다.

초등학교 고학년이나 중학생 중에는 책을 빠르게 읽지만 막상 내용 이해를 제대로 하지 못하는 경우가 있다. 이러한 모습을 보이는 이유는 학생에 따라 다양하겠으나, 단어 해독 능력을 습득한 이후 충분한 읽기 유창성 훈련 없이, 즉 글을 소리 내어 읽는 연습을 충분히 하지 않은 상태에서 곧바로 묵독 중심의 읽기를 하게 된 것이 한 원인일 수 있다. 의미 이해와 관련되는 띄어 읽기, 감정을 살려 읽기 등에 대한 훈련이 충분히 이루어지지 않은 것이다. 이러한 점에서 초등학교 고학년, 나아가서는 중학생들에게도 소리 내어 읽기 훈련을 통한 유창성 획득은 중요하게 다루어질 필요가 있다.

성인이 된 이후로 글을 소리 내어 읽은 경험은 많지 않을 것이다. **'묵독'**이 능숙한 읽기의 전형이자 지표라는 인식 때문에 그러하다. 그러나 글을 읽다가 내용이나 의미가 잘 파악되지 않는 것 같다고 생각되면 **'소리 내어 읽기'**를 해 볼 필요가 있다. 소리 내어 읽다 보면, 스스로가 유창하게 글을 읽는지를 직접 확인할 수 있을 뿐 아니라, 눈으로만 읽을 때와 달리 더 집중해서 읽게 되고, 어색한 단어나 문장 구조의 오류 등을 더 쉽게 포착할 수 있을 것이다.

기능적 문해력 ②

'제대로 읽기' 위해서는
어디서부터 출발해야 할까?

우리는 글을 읽을 때, 글의 표면에 드러난 정보와 내용 외에 그 이면에 놓여 있는 다양한 것들을 추측하며 읽어야 한다. 겉으로 드러나 있는 글자나 단어를 있는 그대로만 읽으면, 이는 마치 암호나 기호를 푸는 것과 같은 해독 수준에 머무르는 것이다. '제대로 읽기' 위해서는 글을 읽고 사실 관계를 파악하고, 생략된 내용이나 암시적인 의미를 추론하거나, 비판적이고 창의적으로 읽으면서 새로운 의미를 구성하는 등 독해 수준까지 나아갈 수 있어야 한다.

읽기의 개념은 시대에 따라 그 의미가 점차 확장되어 왔다. 전통적 개념의 읽기가 주로 '문자 해독' 위주의 행위라고 한다면, 1970년대 이후에는 인지심리학의 발전에 힘입어 읽기의 개념이 독자가 텍스트와 상호작용하면서 의미를 구성하는 개념으로 확장되었다.[7] 이러한 확장된 개념의 읽기를 고려할 때, 그러한 읽기를 잘 수행하기 위해서 먼저 주목해야 하는 기능이 바로 '추론적 읽기'이다.

추론적 읽기는 독자가 텍스트와 상호작용하는 과정에서 자신의 배경지식, 세상사 지식, 직관을 비롯한 글을 둘러싼 사회문화적 맥락, 상황 맥락 등을 고려하여 필자의 의도나 텍스트 내에 숨겨진 의미 등을 짐작, 추측하며 읽는 행위를 말한다. 추측하는 과정에서 독자가 고려하는 다양한 요소들이 바로 '제대로 읽기'를 위한 '단서'로 활용할 수 있는 것들이다. 읽기의 여러 가지 기능 가운데 이러한 추론적 읽기는 기능적 문해력을 구성하는 주요 요소 중 하나이다. 추론적 읽기가 전제될 때 우리는 보다 고차원적 기능인 비판적 읽기와 창의적 읽기, 나아가 합리적 사고가 가능하다는 점에서, 읽기에서 추론의 기능은 무엇보다 중요한 함의를 가진다.

청소년 문해력의 기능적 측면에서 추론의 발달을 살펴보면, 국내의 많은 학자들은 중학교 1~2학년 시기부터 추론 능력이 특히 두드러지게 발달한다고 보고하고 있다. 즉, 중학교에 진입한 초기 1~2년에 해당하는 시기는 추론 능력이 뚜렷하게 발달하는 변곡점이라는 점에서 중요한 시기로 평가된다. 해당 시기에 특정 기능의 향상을 위한 체계적이고 반복적인 교육과 훈련이 더욱 필요한 이유도 바로 여기에 있다.

추론은 텍스트에 제시된 명시적인 정보 사이의 '빈틈'을 독자가 텍스트를 읽는 과정에서 다양한 단서를 활용하여 채워 나가는 과정이다. 아래의 예시[8]를 함께 살펴보자.

---

[1] 소민이가 공원에서 자전거를 타고 있다.

[2] 하늘에 먹구름이 모이기 시작했다.

[3] 그리고 폭풍이 시작되었다.

[4] 소민이의 겉옷이 젖었다.

위 예문의 [1]~[3]에 드러난 다양한 단서들을 쫓다 보면, [4]에서 소민이의 겉옷이 젖은 이유에 대해 우리는 충분히 짐작할 수 있을 것이다. 예문들은 파편적으로 흩어져 있는 각각의 정보 덩어리에 불과하지만, 이렇게 명시적으로 드러나 있는 정보와 정보 사이에 놓인 빈틈을 잘 추론해 낸 독자라면 [1]에서 [4]로 연결되는 이야기의 흐름을 자연스럽게 읽을 수

있을 것이고, 이에 따라 이야기의 결말로서의 [4]의 내용이 타당하고 합리적이라고 평가할 수 있을 것이다. 따라서 앞서 밝힌 바와 같이 [1]~[4] 각각의 문장에서 문자 그대로 읽거나, 단어 읽기 차원에서 읽는 것이 해독 수준의 읽기라면, 다양한 단서를 활용하여 숨은 의미를 맥락적으로 파악하고 이해하면서 제시된 정보를 넘어서는 읽기가 바로 독해 중에서도 추론적 독해라고 할 수 있다. 추론은 이러한 독해의 과정에서 독자의 **'새로운 의미 구성'**에 결정적인 역할을 하게 된다. 이러한 이유로 인해 혹자는 읽기 자체가 곧 추론의 과정이라고 할 정도로, 제대로 된 읽기 과정에서 추론은 핵심적인 역할을 담당한다.

물론, 우리 주변을 돌아볼 때 낮은 문해력으로 인해 문제를 겪고 있는 청소년의 상당수는 어휘력이 부족한 문제로부터 자유로울 수 없는 것도 사실이다. 그러나 지엽적이고 세부적인 특정 어휘를 일부 모른다고 하더라도, 주어진 문장과 문장 사이의 행간이나 글을 관통하는 주제가 무엇인지 먼저 추측해 보도록 하거나, 글을 둘러싼 배경 맥락에 대해 먼저 생각하도록 하는 것 역시 중요하다. 이를 통해 필자의 전제와 의도에 대해 미루어 짐작하도록 하는 등, 궁극적으로는 '글자'가 아닌 텍스트 전체를 조망할 수 있는 힘을 길러 줄 필요가 있다. 당장 부족한 어휘력만 지적하면서 어휘력을 크게 늘린다고 하더라도, 텍스트를 제대로 읽기 위한 첫 출발점으로서 추론이 전제되지 않으면 결국 해독 수준의 읽기에 그칠 공산이 크기 때문이다. 이와 관련하여 다음과 같은 한 교사의 고충을 살펴보자.

> 언젠가 모의고사를 본 뒤 한 아이가 문제가 잘못되었다면서 시험지를 들고 뛰어나왔습니다. '기차의 기적 소리'라는 내용이 들어간 시였는데, '기적'의 뜻을 미라클(miracle)이라고 생각한 것이죠. 또 어떤 학생은 '머리에 서리가 내렸다'는 문장을 보고 "머리에 서리가 내리는데 왜 여름이에요?"라고 질문한 적도 있습니다.

만일 위의 사례[9]와 비슷한 경험을 해 본 교사나 학부모의 경우, 학습자나 우리 아이들이 기차의 기적 소리에서 '기적'이라는 어휘의 뜻을 모른다고 해서, 그리고 '머리에 서리가 내리다.'라는 관용구의 쓰임과 의미를 모른다고 하더라도 당장 그 의미를 모두 빠짐없이 알려 주기 위해 조바심을 낼 필요는 없다. 그보다는 오히려 해당 표현이 쓰인 앞뒤 문장을 통해 학습자가 스스로 행간의 의미를 추측하도록 하거나 혹은 다양한 맥락들을 통해 텍스트에 드러난 '단서'들을 하나씩 파헤치는 방법을 알려 주는 것이 필요하다. 이를 통해 마치 보물찾기를 하듯 하나씩 그 의미를 학습자 스스로 발견하도록 도우면서 텍스트와 천천히, 그러나 깊이 있게 어울릴 수 있도록, 텍스트를 읽는 행위 그 자체에 학습자가 흥미를 느낄 수 있도록 해야 한다.

요컨대 어휘를 모르더라도 주변의 다양한 단서를 활용하도록 돕는 것, 그리고 학습자가 이미 가지고 있는 자원에 주목하는 것, 즉 이미 알고 있는 것, 일상에서 직접 경험한 것 등으로부터 시작하여 텍스트의 의미를 스스로의 힘으로 추측해 보도록 하는 것이 중요하다. 이를 통해 숨겨진 의미를 여러 경로를 통해 '탐색'할 수 있는 끈기와 힘을 우리 아이들에게 길러 주어야 한다. 누구나 세상의 모든 어휘, 정보, 다양한 지식 등을 다 알 수는 없는 것이기에 물고기를 입에 넣어 주는 것을 넘어서 물고기를 잡는 방법을 알려 주는 것, 즉 글을 읽을 수 있는 마음의 근력을 키워 주는 것이 중요하다. 그 출발점이 바로 추론적 읽기가 될 수 있다.

66 **어휘력 ①**

문해력은 어휘력이다?

문해력을 구성하는 읽기와 쓰기에서 어휘가 중요하다는 점은 부인하기 어려운 사실이다. 어휘에 대한 이해 없이는 세부 정보를 파악하며 읽을 수 없고 의도한 바대로 쓸 수도 없다. 특히 읽기 연구에서 어휘의 중요성은 지속적으로 강조되어 왔다. 예를 들어, 텍스트의 난이도 수준을 결정하는 가장 큰 요인이 무엇인지 통계적으로 검증한 여러 연구에서 공통적으로 나타나는 결론은 '어휘'이다.[10] 독자의 어휘 지식이 독해 능력과 매우 밀접한 관계를 보이는 것으로 조사되기도 한다.[11] 특히 어휘의 '의미'에 대한 앎은 문해력에 중요한 영향을 미친다.

아동기부터 청소년기에 걸쳐 어휘력은 양적, 질적으로 빠르게 성장한다. 특히 초기 문해력 시기를 지나고 초등학교 고학년 이상이 되면 각 교과에서 특화되는 어휘, 논리적 사고를 나타내는 어휘 등 낯선 어휘가 다량 유입되어 어휘 학습 필요성이 더욱 커진다. 이러한 고차원적 어휘의 폭증은 이 시기의 어휘 발달이 보이는 특성이다.

그런데 청소년의 일상적 언어생활을 살펴보면, 고차원적 어휘를 접하고 그것을 이해하려 하거나 자신이 직접 사용하는 경우가 어른들의 기대에 미치지 못하는 듯하다. 청소년의 어휘력에 대해 사회에서 우려하는 목소리를 종합하면 크게 두 가지 문제로 나누어 볼 수 있다. 하나는 청소년이 읽기 텍스트에서 접하는 어휘, 즉 **'이해 어휘'**로 기대되는 어휘 중 모르는 어휘의 양이 절대적으로 많다는 것이다. 이 문제는 청소년이고 성인이고 할 것 없이 주로 '한자어'에서 발생한다. 이는 학교교육에서 한자 학습이 거의 없어진 세대에서 특히 두드러지는 문제로, 한자어를 구성하는 각 글자의 의미에 대한 앎이 결여되어 있기에 '형태'만으로 의미를 추론하고 만다는 것이다. 한자어 '존귀尊貴하다'의 '귀'가 고유어 '귀엽다'와 의미가 같다고 생각하고, 고유어 '사흘'의 '사'가 한자어 '사四'와 같은 의미라고 생각하는 것이다.

또 하나는 청소년이 말하기와 글쓰기에 사용하는 어휘, 즉 **'표현(사용) 어휘'**가 지나치게 단순하다는 것이다. 신어(신조어)를 포함한 몇 개의 단어가 너무 넓은 의미 범위를 포괄해 버리는 현상이 대표적이다. '킹받네'로 안 좋은 감정을 모두 묶어 버리고, 긍정적 평가와 부정적 평가라는 상반된 반응에 모두 '레알'을 쓰며, 구어에만 쓸 법한 가벼운 말을 문어에도 쓰는 등의 현상은 신어가 많아짐에 따른 자연스러운 변화로만 보기에는 우려스러운 점이 있다.

한 기고문에서는 "최근 학생들이 쓰는 신조어는 기존 신조어와 성격이 다르다."며 좀 더 문제적이라고 짚는다. "사회 문화 전반의 유행이 언어로 유입돼 신조어가 탄생하는 현상은 늘 존재"하지만, "최근 유행어들은 상황별 쓰임새의 구별이 명확하지 않다."는 것이다. 예를 들어, '쩐다'라는 말은 "기분이 좋을 때나 나쁠 때나 동시에 혼용된다. 이는 자신의 기분을 명확히 표현할 수 있는 단어를 골라낼 줄 모른다는 방증"이라고 강조한다.[12] 이러한 청소년의 어휘력에 대해 '빈어증貧語症', 즉 어휘력이 빈곤하다는 문제 제기가 많다.

그렇다면 개별 어휘의 뜻을 알면 어휘력 빈곤이 해결될까? 그렇지 않다. 어휘의 의미를 안다는 것은 다음과 같이 생각보다 다각적이다.[13]

① 어떤 단어를 듣거나 본 적이 있다.

② 어떤 단어가 가리키는 대상이 무엇인지 안다.

③ 어떤 단어의 뜻을 안다.

④ 어떤 단어가 가리키는 대상과 그 뜻을 안다.

⑤ 어떤 단어가 어떤 맥락에서 사용되는지를 안다.

⑥ 어떤 단어가 다른 단어와 어떻게 관련 맺는지를 안다.(의미 관계 및 통사 정보)

⑦ 어떤 단어가 어떤 그룹(어휘)에 속하는지를 안다.

위 일곱 가지를 곰곰이 따져 보면 일상의 언어생활에서 어휘를 이해하고 사용할 때 어느 하나 필요하지 않은 것이 없다. 이를테면 앞서 예시한 '존귀'라는 한자어를 설령 몰랐다고 해도 맥락을 잘 읽었다면 '귀엽다'로 해석하지 않았을 것이다.

게다가 '생일'과 '생신'처럼 뜻을 잘 알고 있는 아주 쉬운 단어도 '맥락'과 결합하면 생각할 거리가 늘어난다. 한 학생이 인터넷 게시판에 질문한 사례를 보면,[14] "내일 동아리 선배님 생일(생신)이더라고요. 다른 선배분들보다 저한테 엄청 친절하게 대해 주시고 도와주시곤 해서 지나치면 안 될 것 같은데, 생일(생신) 축하드린다고 보낼 때 '생신'이 낫나요 아니면 '생일'이 낫나요?"라고 고민한다.

뜻이 비슷한 관계에 있어도 '생일'과 '생신' 중 무엇을 쓸 것인지, 생일이나 생신을 '축하합니다'고 할지 '축하드립니다'라고 할지 등, 고민하고 선택할 문제가 이어진다. 또 말로 할 때, 휴대전화 문자나 온라인 메신저로 보낼 때, 편지글로 쓸 때를 각각 떠올려 보면 고민의 답이 달라질 수도 있다. 매번 같은 어휘와 문장을 쓸 것인가 다른 것을 쓸 것인가?

어휘에 대한 앎은 뜻과의 일대일 대응 관계에 국한되지 않으며, 추론되어야 하는 문맥적 의미, 어휘 간의 의미 관계, 유사 단어의 형성 및 어휘를 중심으로 조직되는 문장구조 등에까지 미친다. 이에 최근 문해력 교육의 방향성까지 더하면, 어휘의 의미를 맥락에 적절하게 추론하면서 어휘가 '글' 속에서 어떠한 역할을 하며 글을 짜임새 있게 구성해 나가는지 주목해야 할 것이다. '생일'을 택했을 때 이어지는 문장 및 글의 어조와 '생신'을 택했을 때의 그것은 다르듯이 말이다. 또 오늘날 '축하祝賀'는 하지만 '경하慶賀'는 잘 하지 않는 언어생활을 떠올려 보면, 언어적 맥락과 사회·문화적 맥락을 고려하여 어휘를 다양하게 선택하여 사용하는 능력도 필요하다.

66   어휘력 ②

어휘력을 넘어, 어휘의 바다로!

___

    청소년에게 기대되는 어휘력은 무엇일까? 이는 교육과정에 나타난 어휘 관련 교육 내용 요소를 토대로 추론할 수 있다. 이전 국어과 교육과정에서 중고등학교의 어휘 관련 교육 내용은 어휘의 체계와 양상에 대한 탐구와 활용, 의미 관계의 탐구와 적절한 어휘 사용 등이었다.

    현행 국어과 교육과정에서는 이전 시기의 내용을 대부분 계승하되, 문해력 향상 관련 내용이 대폭 강화되었다. 즉 세대·분야·매체에 따라 달리 쓰이는 어휘의 양상을 분석하고 활용하기, 언어공동체의 다변화에 따라 다양성을 보이는 언어 이해하기, 글과 담화에 나타난 어휘의 특성을 파악하고 실제 담화에 활용하기 등이 그것이다.

이들은 급변하는 사회 환경과 문해 환경, 문해력 문제에 대응하기 위해 어휘 이해와 사용의 대상, 목적, 표현 등을 특화한 모습을 보인다. 이러한 교육과정의 변화를 통해 청소년에게 기대되는 **어휘력**★이란 '변화하는 사회에서의 언어 문제 해결에 구체적으로 대응할 수 있는 어휘 이해와 활용 능력'이라고 추론할 수 있다.

> ★ **어휘력**
> '어휘'는 개별적 단어들의 집합을 의미하고, '어휘력'은 '어휘 능력'이라고 쓰이기도 한다. 어휘력은 한 단어의 의미를 아는 기초적인 능력에서부터 맥락에 적절한 어휘를 선택하고 활용하는 고차원적 능력까지를 아우른다.

그렇다면 기존의 어휘 학습과는 다른, 문해력 향상을 위한 어휘 학습은 어떠한 모습일까? 예를 들어, 어휘의 형태와 사전적 의미를 일대일로 대응하도록 하는 것보다는, 담화 속에서 어휘의 의미가 어떻게 쓰였는지를 살펴보도록 하는 것이다. 또한 하나의 문장에 빈칸을 두고 거기에 들어갈 어휘를 찾도록 하는 것보다는, 그 어휘를 선택한 이유를 따져 보고 맥락이 달라지면 어휘도 어떻게 달라지는지 분석해 보도록 하는 것이다. 나아가 자신의 표현 의도에 맞게 어휘를 선택하여 담화를 효과적으로 구성해 보도록 할 필요가 있다. 이제 문해력을 동원하는 문제 해결

차원에서 어휘를 이해하고 어휘를 부려 쓰는 데에까지 나가야 한다.

'읽기'와 더불어 어휘를 이해하기 위한 학습 방법은 의미를 아는 어휘를 양적으로 늘리기 위한 것과 어휘의 의미에 대한 앎의 깊이를 질적으로 향상하기 위한 것의 두 가지 차원으로 나누어 생각해 볼 수 있다.

의미를 아는 어휘를 양적으로 늘리는 것은 학생이 글을 읽는 중에 모르는 단어가 출현하는 경우를 최소화함으로써 독해를 방해하지 않고 이해를 원활하게 한다는 데 의의가 있다. 이를 위한 방법은 글에서 만난 모르는 어휘 또는 어려운 어휘에 대하여 그 의미와 쓰임 등의 어휘 지식을 학습하는 것이다. 구체적으로, 읽기 전 어휘 공부, 읽는 중 또는 수업 중의 풀이, 교과서에 제시된 어휘 주석 풀이, 읽은 후의 어휘 학습 활동 등으로 이루어질 수 있다. 이때 어휘 학습이 독해와 별개인 것으로 인식되지 않도록 문맥과의 연관을 짚어 줄 필요가 있다.

문맥으로의 연계는 자연스럽게 어휘 의미에 관한 질적 접근으로 이어진다. 어휘에 대한 사실적이고 사전적인 의미를 알도록 하는 것뿐 아니라 문맥에서의 의미를 추론할 수 있도록 학습할 필요가 있다. 이는 독해에서 사실적 이해에서 추론적 이해로 이어지도록 지도하는 흐름과 유사하다. 한편 어휘에 관한 별도의 학습에 치우쳐 자칫 독해의 흐름을 끊는 학습은 바람직하지 않다.

한편, 어휘 학습은 '쓰기'에 어휘를 잘 활용하기 위해서도 중요하다. 문맥에 가장 적절한 어휘를 고르고 바꾸어 보기도 하며 글을 쓴다면 더 효과적인 표현을 쓸 수 있다. 예를 들어, 앞서 살펴본 어휘에 대한 앎을 구성하는 일곱 가지 요소와 교육과정의 내용 요소로 언급된 어휘의 의미 관계에 대한 이해는 글을 읽고 이해하여 자신의 언어로 재구성할 때 유용하게 활용될 수 있다.

이는 생성형 인공지능의 대표 주자인 챗지피티ChatGPT에 많은 사람들이 요구하는 '문장 다듬기'와도 유사하다. 다듬고자 하는 어휘의 유의어, 반의어, 상·하의어를 따져 보고 그중에서 표현 의도를 가장 효과적으로 드러낼 수 있는 것을 선택하는 것이다. 특히 요약하기와 같이 읽은 텍스트를 자신의 앎으로 재조직할 때, 이러한 의미 관계에 대한 고려와 적절한 어휘 선택은 성공적인 과제 수행의 실마리가 될 수 있다. 이는 간결체로 쓰기, 만연체로 쓰기, 구어적으로 쓰기, 문어적으로 쓰기 등 적절한 문체로 표현하기에도 활용될 수 있다.

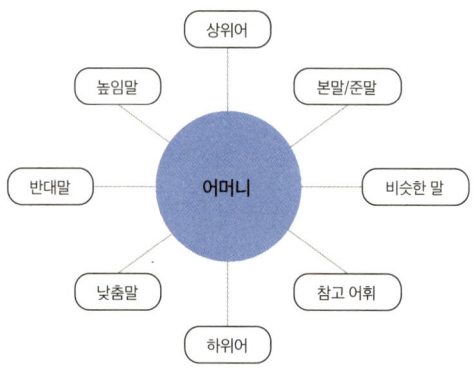

〈우리말샘〉에서 '어머니'를 검색한 결과[15] 국립국어원의 〈우리말샘〉에서는 특정 어휘에 대해 비슷한말(유의어), 반대말(반의어), 상·하의어 등을 함께 보여 준다.

또한 어휘의 의미 관계와 결합하여 글쓰기에 활용할 수 있는 지식으로 어휘의 종류, 즉 고유어, 한자어, 외래어에 대한 앎을 들 수 있다. 일반적으로 고유어는 미묘한 어감 차이를 나타내는 데에, 한자어는 정밀한 의미를 표현하는 데에 유용한 것으로 알려져 있다. 예를 들어, '고치다'라는 하나의 고유어와 뜻이 비슷한 한자어에는 '수선하다, 수리하다, 개선하다, 개조하다, 재건하다, 보수하다, 치료하다' 등이 있다. 이 한자어들은 각기 다른 의미를 가지며 어울리는 문맥도 서로 다르다. 따라서 각각을 조금 더 정밀하게 구별하여 사용해야 한다.

　이제 어휘의 의미 관계를 나누기, 어휘의 종류를 알기 등만으로는 충분하지 않다. 어휘의 의미 관계와 어휘 종류의 특성을 글의 이해와 조직에 활용할 수 있어야 할 것이다. 이러한 과정은 표현의 자원이 되는 어휘의 폭을 넓혀 다양한 어휘를 사용하게 하는 데 큰 도움을 줄 수 있다.

국어를 잘하면
수학도 잘할 수 있을까?

제가 중학교 2학년 겨울방학 때 모든 공부를 접었습니다. 접고 나서 제가 세 달 동안 딱 뭐만 했냐면요, 제가 읽을 수 있는 책을 다 읽었어요. 제가 겨울방학 동안 읽었던 책이 거의 200권 정도 됩니다. 하루 종일 책만 읽었어요. 그리고 개학을 했어요. 아침에 학교에 가면서 아빠가 신문을 보시길래 옆에서 신문을 쓱 봤어요. 쓱 봤는데 너무나 무서웠던 게 한 문단이 한눈에 들어왔어요. 그때 딱 이 생각이 들었죠. '아, 나는 이제 공부하는 속도가 빨라질 수 있겠구나.' 그러고 나서 3월부터 공부를 다시 해서 그다음부터 단 한 번도 1등을 놓친 적이 없습니다.

모든 텍스트를 읽는 것을 즐기세요.

공부하기 전 갖추면 매우 유리한 능력[16] 유명 수학 강사의 경험담을 통해 학습의 맥락에서 '텍스트를 읽는 힘', 즉 문해력의 힘이 아주 강력하다는 것을 강조하고 있다.

위 사례는 온라인 수강생이 전국에서 압도적 1위라는 한 수학 강사가 학생들에게 들려준 이야기이다. 이 이야기의 핵심은 학습의 맥락에서 '텍스트를 읽는 힘', 즉 문해력의 힘이 아주 강력하다는 것, 따라서 문해력을 기를 필요가 있다는 것이다. 이 경험담이 흥미로운 것은 그 주인공이 학창 시절에 성적이 매우 뛰어난 모범생이었다는 점, 현재 학생들을 가르치는 위치에 있다는 점, 심지어 수학을 가르치는 사람이라는 점에서이다. 수식과 도형을 빼곡히 적어 가며 강의하는 사람이 '텍스트 읽는 것'의 중요성을 강조하는 모습은 아무래도 적잖이 신선하다.

그런데 이 강사뿐 아니라 많은 교육 전문가가 공부하기

> ★ **학문적 문해력**
> 학문 분야별 특성을 반영하여 텍스트를 읽고 이해하며 생산하는 능력. 각 학문 분야의 개념, 논리, 문제 해결 방식을 언어를 통해 파악하고, 이를 바탕으로 비판적 사고를 확장하는 과정이 포함된다. 학문 분야마다 요구하는 글쓰기 방식이나 담화 구조가 다르므로, 해당 분야의 특성을 고려해 적절한 언어 사용 방식을 익히는 것이 중요하다. 이를 통해 다양한 학문 영역에서 효과적으로 사고하고 소통하는 능력을 기를 수 있다.

전에 갖춰야 하는 가장 중요한 능력 혹은 공부를 잘하기 위해 꼭 필요한 능력으로 강조하는 것이 바로 문해력이다. 학습 맥락에서 이처럼 언어 능력이 강조되고 중요시되는 이유는 사실상 모든 교과의 교육 내용이 '글'로써 전달되기 때문이다. 그래서 글의 내용을 제대로 이해하고, 그중에서 핵심적인 내용을 구조화하여 '나의 지식 체계로' 만드는 능력은 학습의 맥락에서 매우 중요한 능력으로 꼽힌다.

즉, 학습의 도구가 되는 문해력이란 단순히 '글'을 읽고 표면적인 뜻을 이해하는 것에서 더 나아가 '언어적으로' 지식을 구성하고 구조화하는 능력까지 의미하는 것으로 이해할 수 있다. 이는 수학이나 과학처럼 언뜻 '언어'와 거리가 있어 보이는 경우에도 역시 언어 능력이 중요하게 요구된다는 것으로도 확인할 수 있다. 다음의 사례를 살펴보자.

아빠한테 500원 빌리고, 엄마한테 500원 빌리고, 총 1,000원으로 970원짜리 과자를 샀다. 거스름돈 30원으로 엄마에게 10원, 아빠에게 10원을 갚고 나머지 10원은 내가 가졌다. 그러면 엄마, 아빠에게 각각 490원씩 빚진 건데, 490+490=980원에서 내가 가진 돈 10원을 더하면 990원이다. 나머지 10원은 어디로 갔을까?

안 풀리는 수학 문제[17] 위 수학 문제는 간단해 보이지만 생각보다 풀기 어렵다. 수학 문제이지만 그 내용이 숫자가 아닌 글, 즉 언어로 표현되어 있기 때문이 아닐까?

위의 사례는 온라인에서 쉽게 볼 수 있는 소위 '풀기 어려운 수학 문제'이다. 난센스까지는 아니지만 적당히 난도難度가 있고, 그렇다고 본격적으로 지식을 측정하려는 것은 아니어서 가볍게 풀어 볼 수 있다. 그런데 생각보다 정답을 내기가 어렵다. 한편으로는 아주 간단해 보이는데, 또 다른 한편으로는 고려해야 하는 것이 많아서 생각이 복잡하게 꼬여 버리기도 한다. 그렇다면 위 문제는 왜 풀기 어려울까. 수학 문제이지만 그 내용이 숫자가 아닌 글, 즉 언어로 구조화되어 있기 때문이다.

사실 숫자만으로 이루어졌다면 '오류 없이 정확한 수식'이 제시되었을 것이다. 그런데 그 내용이 '언어화'되면서 수식에는 끼어들 여지가 없는 함정과 오류가 추가되었다. 결국 이 문제를 풀기 위해서는 수학 능력과 함께, 어쩌면 그보다 먼저 문해력이 요구된다. 수학적 사고가 숫자나 수식이 아닌 텍스트로 언어화되어 있기 때문이다. 이처럼 숫자의 향연인 수학에서조차 문해력이 필요하다는 것은, 문해력으로 뒷받침되는 언어적 사고력이 갖추어졌을 때 비로소 온전한 수학적 사고 역시 가능하다는 것을 보여 준다.

---

(1)

명희는 과녁을 향해 활을 쏘는 게임을 한다. ㉠ 명희가 쏜 화살이 과녁에 맞으면 3점을 얻고, 과녁에 맞지 않으면 −2점을 얻는다. ㉡ 명희는 활을 8번 쏜 후 총 9점을 얻었다. 명희가 쏜 화살은 몇 번 과녁에 맞았는가?

(2)

명희는 과녁을 향해 활을 쏘는 게임을 한다. ㉠ '명희가 쏜 화살이 과녁에 맞은 횟수'가 1이면 얻은 점수가 3이 되고, '명희가 쏜 화살이 과녁에 맞지 않은 횟수'가 1이면 얻은 점수가 −2가 된다. ㉡ '명희가 쏜 화살이 과녁에 맞은 횟수'와 '명희가 쏜 화살이 과녁에 맞지 않은 횟수'의 합이 8일 경우 얻은 점수는 9가 된다. 명희가 쏜 화살은 몇 번 과녁에 맞았는가?

(3)

- 명희가 쏜 화살이 과녁에 맞은 횟수: x

- 명희가 쏜 화살이 과녁에 맞지 않은 횟수: y

x+y=8

3x−2y=9

수학 문장제와 수학적 사고[18] 수학 문제는 숫자로만 이루어진 것이 아니라, 언어로 구성된 문장과 함께 제시되기 때문에 문해력이 뒷받침되어야 비로소 온전한 수학적 사고 역시 가능하다.

'수학적 사고'라고 하면 우리는 흔히 위 사례에서 (1)과 같은 문장제^{文章題}로부터 (3)과 같은 수식을 곧바로 떠올리는 것을 생각한다. 그런데 (1)과 (3) 사이에 '(1)을 언어적으로 구체화하고' 그와 동시에 '(3)에서와 같은 수식을 도출하는 데 필요한 핵심 정보들을 구조화하는' (2)의 단계를 거친다면 어떨까? 이런 점에서 (2)는 (1)보다는 수학적 논리가 더 드러나면서 (3)보다는 훨씬 언어적인, 중간적 성격을 띤다고 할 수 있다.

'수학적 사고가 언어화되어 있는' (1)과 (2)에서 적당한 수준의 문해력이 필요하리라는 것은 매우 자명하다. '수학적 사고'라는 것도 사실상 수학이라는 분야에서 요구되는, 혹은 수학에서 특화된 방식으로 사고하고 문제를 해결하기 위해 요구되는 사고력의 일종이다. 그리고 이러한 사고력이 문해력과 아주 긴밀한 관련이 있다는 것은 우리 모두 잘 알고 있다. 물론 이는 수학에서만이 아니다. 다른 모든 교과, 다양한 학업 및 학문의 영역에서도 마찬가지이다. 결국 모든 학습의 바탕이자 핵심은, 바로 언어와 문해력이다.

학문적 문해력 ②

과학책과 역사책은
왜 다르게 읽어야 할까?

'문과적 사고', '이과적 사고'가 따로 있다?

– '土', 어떻게 읽나요?　　　　　　　→ 문과: 흙 토

　　　　　　　　　　　　　　　　　→ 이과: 플러스마이너스

– 'function', 무슨 뜻인가요?　　　　→ 문과: 기능

　　　　　　　　　　　　　　　　　→ 이과: 함수

문과·이과 성향 테스트[19] 인터넷에서 찾아볼 수 있는 문과·이과 성향 테스트를 위한 질문지 중 일부이다.

한 번쯤 나는 '문과형'일까 '이과형'일까 스스로 진단해 보거나, 다른 사람은 어떤 유형일지 평가해 본 적이 있을 것이다. 장난스럽지만, '土'를 보고 먼저 떠오르는 것이 무엇인지에 따라 '문과형 인간'과 '이과형 인간'으로 나누기도 한다. 그렇다면 '문과형'과 '이과형', 무엇이 다르다는 걸까? 예를 들어, 문과는 컴퓨터로 따지면 HDD(읽기, 쓰기, 저장 등을 제어하는 컴퓨터의 기억 장치)처럼 (책 내용을 찰칵찰칵 사진 찍듯) 암기 능력이 뛰어난 것으로, 이과는 마치 CPU(컴퓨터에서 기억, 해석, 연산, 제어라는 4대 주요 기능을 관할하는 중앙처리장치)처럼 연산 능력이 좋은 것으로 비유되곤 한다.[20] 그 밖에도 소위 '문과는 못 푸는 문제', '이과는 틀리는 문제' 등 다수의 유머 콘텐츠가 온라인상에서 유통되며 많은 사람의 공감을 얻기도 한다.

"눈이 녹으면 어떻게 될까요?"

| '이과'의 대답 | ▶ | "물이 된다." "H2O가 된다." | ⇒ | 현상을 있는 그대로 관찰하는 **이과** |
| '문과'의 대답 | ▶ | "새싹이 돋는다." "봄이 온다." | ⇒ | 보이지 않는 걸 마음으로 그리는 **문과** |

문과식 반응과 이과식 반응의 차이[21] 같은 현상에 대한 문과식 반응과 이과식 반응의 차이를 엿볼 수 있다.

한 방송 프로그램에서도 흥미로운 주제로 다루었을 만큼, 같은 현상에 대한 문과식 반응과 이과식 반응의 차이는 꽤 실제적이고 구체적이다. 왜 이렇게 다를까? 교육 분야에서 '문·이과 통합' 인재를 길러 낼 필요가 대두될 만큼, '문과적 특성'과 '이과적 특성'은 '통합'될 필요가 있는, 다시 말해 통합되기 이전에는 정말로 뚜렷하게 구별 지어지는 특성인 걸까?

사실 이러한 사례들은 정말로 '문과적 인간', '이과적 인간'으로 나누어진다기보다 사고 양식의 차이를 부각하는 것이라고 할 수 있다. 우리가 잘 알고 있듯, 사고 양식의 차이로부터 언어 표현의 차이가 나타나고, 언어 표현의 차이를 가져오는 언어적 자원의 차이는 대상에 대한 관점의 차이에 기인한다. 즉, 사고 양식과 언어 표현은 닭과 달걀의 관계처럼 선후를 따지기 어려울 정도로 긴밀한 순환적 관계에 있다.

주제	과학	역사
아폴로 11호의 달 착륙	1969년, 아폴로 11호가 달에 착륙하며 인류는 처음으로 다른 천체를 탐험했다. 달 표면에서 채취된 암석은 태양계의 형성과 달의 기원에 대한 과학적 정보를 제공해 주었다.	1969년 아폴로 11호의 달 착륙은 냉전 시기 미국과 소련 간의 우주 경쟁 속에서 이루어졌다. 이는 인류의 과학적 성취뿐만 아니라 미묘한 정치적 의미도 담고 있었다.

탐보라 화산 폭발	1815년 인도네시아 탐보라 화산이 폭발했다. 이 폭발로 대기 중에 엄청난 양의 화산재가 방출되어 전 세계적으로 기온이 떨어졌고, 이듬해는 '여름이 없는 해'로 기록되었다. 과학자들은 이 현상이 태양광 차단과 대기 변화로 인한 결과라고 설명한다.	1815년 탐보라 화산 폭발은 유럽 농작물 대기근을 초래하며 대규모의 사회적 혼란을 가져왔다. 이는 산업혁명 초기인 당시에 도시로의 이주를 가속화하는 계기가 되기도 했다.
흑사병	흑사병은 주로 *Yersinia Pestis*라는 박테리아에 의해 발생하며, 감염된 벼룩을 매개로 전파된다. 중세 유럽을 휩쓴 흑사병은 나쁜 위생 상태와 의료 지식 부족이 주요 원인이었다.	중세 유럽에서 흑사병은 사회적 혼란과 공포를 초래했으며, 봉건 사회의 붕괴와 르네상스의 도래를 촉진한 결정적 사건 중 하나로 평가된다.

과학과 역사의 서술 방식 차이 동일한 사건을 대상으로 '과학'과 '역사'의 관점에서 서술한 내용을 비교해 보면 두 영역의 차이가 드러난다.

　과학과 역사처럼 그 성격이 뚜렷하게 대비되는 두 영역을 비교해 보면 사고나 관점의 차이가 어떻게 언어 표현의 차이로 이어지는지 잘 알 수 있다. 이러한 특성은 글의 장르와 유형을 가리지 않고 폭넓게 나타난다. 과학 분야의 글은 공통적으로 '개념'을 집중적으로 다루는 경향이 있다. '개념' 및 그와 관련되는 현상을 밝히기 위해 실험을 하고 그 실험 결과를 논리적으로 기술하거나, 그 '개념'과 관련된 이론을 제시하거나, 아니면 이론을 적용해 '개념'을 분석한다.

　반면 역사 분야의 글에서는 어떤 사건, 지역, 인물, 대상물 등이 다양하게 제시되고, 그것들은 대개 시간의 흐름이나 인과성을 중심으로 다루어진다. 역사에 대해서는 절대적인 이론이나 객관적인 기준이 존재하기 어려우므로 역사 분야의 글에서는 자연히 '해석'이 많이 이루어지게 된다.

이처럼 학문 분야에 따라 주된 탐구 대상이 '무엇'이 되기도 하고, '어떻게'가 되기도 한다. 또 논리 전개 방식이 '개념별'이기도 하고 '연대순'이기도 하며, '비유'를 많이 사용하는 분야가 있는가 하면, 사실 자체를 '기술'하는 경향이 두드러지는 분야가 있다. 이는 같은 대상이나 현상이라도 관점에 따라, 즉 사고 양식에 따라 다르게 바라본다는 의미이다. 대표적으로 과학에선 객관적 관점을, 역사학에선 주관적 관점을 제대로 이해하는 것이 매우 중요하다.

텍스트를 읽을 때, 이처럼 표면적으로 드러나는 언어 표현의 차이, 정보 구조의 차이, 논리 전개 방식의 차이 등과 이러한 차이를 가져오는 사고 양식의 차이, 관점의 차이 등을 고려하는 것은 문해력 향상 그 이상의 가치와 효과를 갖는다.

예를 들어, 과학 텍스트를 읽을 때는 핵심 개념과 논리적 구조를 파악하는 능력이, 역사 텍스트를 읽을 때는 사건의 맥락과 해석적 관점을 이해하는 능력이 요구된다. 이러한 차이를 이해하고 적용하는 과정에서 학습자들은 글을 읽고 그 내용을 파악할 뿐 아니라, 글을 통해 해당 학문 분야가 제기하는 핵심 질문을 스스로 탐구할 수 있게 된다.

이는 궁극적으로 문제 해결 능력 및 비판적 사고를 강화하고, 학문 간 통합적 사고력을 키우는 데에도 기여한다. 결국 학문별 특성과 그에 따른 언어적 차이를 고려하여 텍스트를 읽고 해석하는 능력은 단순한 학습 기술을 넘어, 모든 학문 분야에서 유의미한 성과를 내는 데 필수적인 기초 능력이라고 할 수 있다.

디지털·미디어 문해력 ①

디지털 시대,
우리는 어떻게 읽고 써야 할까?

2020년대 들어 미래 세대의 희망 직업 목록을 보면 전에는 찾아볼 수 없던 새로운 항목이 상위권에 자리하고 있음을 알 수 있다. '크리에이터'가 대표적인 예이다. 크리에이터는 다양한 분야의 '창작자, 생산자, 개발자, 작가' 등의 의미를 포괄하는 넓은 개념이지만, 초등학생들이 희망 직업으로 꼽는 크리에이터란 주로 영상 및 오디오 매체 중심의 온라인 콘텐츠 제작자(인터넷 방송인)를 의미한다.

이는 '디지털 사피엔스'라고도 할 수 있는 우리 미래 세대에게는 이미 **디지털 문해력**★이 직업이나 진로 선택, 여가 생활 등 자신의 삶과 밀접하게 맞닿아 있는 문제라는 것을 보

구분	2021년	2022년	2023년
1	운동선수	운동선수	운동선수
2	의사	교사	의사
3	교사	크리에이터	교사
4	크리에이터	의사	크리에이터
5	경찰관/수사관	경찰관/수사관	요리사/조리사
6	요리사/조리사	요리사/조리사	가수/성악가
7	프로게이머	배우/모델	경찰관/수사관
8	배우/모델	가수/성악가	법률 전문가
9	가수/성악가	법률 전문가	제과·제빵원
10	법률 전문가	만화가/웹툰 작가	만화가/웹툰 작가
누계	48.8	48.7	51.1

초등학생의 희망 직업[22] 교육부와 한국직업능력연구원이 공동으로 진행한 초등학생 희망 직업 조사 결과를 보면, 2020년대 들어 '크리에이터', '웹툰 작가' 등 이전에 쉽게 찾아볼 수 없었던 직업군이 상위권에 자리하고 있는 것을 알 수 있다.

여 준다. 아동뿐만 아니라 일반 성인들도 이제는 텍스트보다는 영상, 숏폼short form, 요약된 카드 뉴스 이미지 등을 통해 정보를 습득하고 공유하는 비중이 커지면서 기존의 문해력과는 다른 성격의 능력이 요구되기 시작했다.

최근 들어 우리의 의사소통은 문어와 구어가 뚜렷이 구

별되지 않으며, 이는 디지털 환경에서 더욱 두드러진다. 방송 프로그램의 자막은 인물의 감정이나 생각까지 언어화하며, 말소리가 아닌 음악이나 효과음, 다양한 음향까지도 친절하게 자막으로 달리고 있다. 또 우리가 매일 사용하는 휴대전화나 컴퓨터에는 일반적인 번

★ 디지털 문해력

디지털 환경에서 정보를 효과적으로 읽고 이해하며 생산하는 능력. 다양한 매체에서 텍스트뿐만 아니라 이미지, 영상, 음향 등으로 전달되는 정보를 종합적으로 해석하는 능력이 필요하다. 오늘날 학습자는 정보의 단순한 소비자가 아니라 콘텐츠를 직접 생산하는 역할도 하게 되었다. 이에 디지털 문해력은 계속해서 배우고 길러 나가야 할 중요한 역량이 되었다.

역 기술을 넘어, 입력되는 음성을 실시간으로 다른 언어로 통역해 주는 음성 제어 기술도 탑재되어 있다. 내 말소리를 다른 언어의 음성과 문자로 모두 출력할 수 있고, 그 반대도 자유자재로 가능하다. 우리는 이렇게 눈으로도 듣고 귀로도 읽는 새로운 시대를 살고 있다. 이러한 새로운 시대에는 그에 맞는 '새로운 문해력'이 요구된다.

디지털 환경에서 요구되는 '새로운 문해력'을 생각할 때, 가장 중요하게 고려되어야 하는 것은 우리가 '무엇'을 읽고 쓰는지보다 '어떻게' 읽고 쓰는지이다. 오늘날 무언가를 '읽고 쓴다'는 것은 단순히 문자화된 텍스트만을 대상으로 하지 않으며, 이는 더 나아가 언어뿐만 아니라 기호들의 작용을 이

해하고 그러한 이해력을 실제로 활용하는 것까지로 확장되고 있다.

다양한 매체로 정보를 다루는 디지털 환경에서 중요한 것은 정보를 얼마나 논리적으로 구성하여 전달하느냐보다는 어떤 색감, 어떤 폰트, 어떤 이미지, 어떤 음향, 어떤 강조 효과로 눈길을 사로잡고, 또 어떤 장치를 사용해 짧은 시간 안에 주목도를 높일 것인지 등이다. 이는 언어 외의 기호들을 마치 언어처럼 부려 써서 총체적인 의미를 구성하는 능력과도 관련된다. 이렇게 보면 디지털 시대에 요구되는 새로운 문해력은 어쩌면 더 복잡하고 총체적인 능력인지도 모른다.

그 밖에도 정보를 분류하고, 허위 정보를 판별하며, 콘텐츠 제작자나 유통 플랫폼의 특성을 파악하는 것도 매우 중요하다. 즉, 디지털 시대에 변화된, 혹은 새롭게 나타난 '읽고 쓰는 방식'에 따라 어떤 정보가 나에게 유익하고 필요한 정보인지 판단하는 능력과 그러한 능력을 뒷받침하는 지식, 또 언어 외에 언어와 같은 기능을 하는 기호들의 의미 구성적 역할에 대한 이해와 활용 능력이 필요하게 되었다.

이렇게 새로운 문해력의 중요도와 수요가 커지면서, 그에 관한 교육적 문제도 자연히 대두되었다. 최근에 고시된 새 교육과정에서는 국어 교과에 '매체' 영역이 새로이 등장하면서 그에 관한 실질적인 교육이 이루어지도록 방향을 잡고 있다. 그런데 사실 '디지털'에 관한 것만큼 현실과 교육의 간극이 큰 것도 없다. 이 간극은 대체로, 현재 우리의 교육이 영상, 이미지, 음성 등 다채로운 기호들이 언어만큼이나 중요한 역할을 하고 있는 디지털 환경을 충분히 반영하지 못하는 데서 생겨난다.

이러한 간극을 메꾸려면 오늘날 우리 학습자들에게 실질적으로 필요한 능력이 무엇인지에서부터 디지털 문해력 교육의 목표와 방향을 설정해야 한다. 학습자들에게는 다양한 매체를 비판적으로 읽고, 다양한 정보 중 필요한 것과 허위의 것을 판별해 내는 능력이 필요하다. 또 언어 외의 기호들이 의미를 구성하는 방식을 이해하고, 이를 실제로 활용하는 방법을 아는 것이 중요하다.

학습자들이 이러한 능력을 갖추기 위해서는 국어 교실에서 다양한 디지털 매체를 활용한 텍스트 분석 활동, 색채나 이미지, 음향, 영상 효과 등이 메시지 전달에 영향을 미치는 방식 및 의도를 비판적으로 평가하는 연습, 구체적인 사례 위주로 정보의 출처, 맥락, 의도를 검토해 보는 활동 등이 다각도로 이루어져야 한다. 디지털 문해력에 관해서는 교육이 현실을 다급히 뒤쫓는 모양새가 아니라, 필요한 것을 적절히 제공하며 현실을 이끌어 나가도록 하는 것이 중요할 것이다.

디지털·미디어 문해력 ②

디지털 네이티브에게는
어떤 문해력 학습이 필요할까?

디지털 시대에는 누구나 손쉽게 정보를 생성하고 공유할 수 있으며, 특히 소셜미디어의 광범위한 사용으로 허위 정보가 확산될 수 있는 환경이 조성되기 쉽다는 특성이 있다. 물론 허위 정보 문제는 비단 현대사회에서만 나타나는 것은 아니다. 15세기, 영국과의 오랜 전쟁으로 피폐해져 있던 프랑스를 구원한 잔 다르크도 '마녀이자 이교도이며 우상을 숭배한다'는 죄목으로 화형당한, 사실상 허위 정보의 피해자라고 할 수 있다.

그러나 디지털 시대는 정보의 빠르고 광범위한 확산과 허위 정보의 손쉬운 생성 및 공유라는 양면성을 동시에 지닌다. 따라서 디지털 환경과 디지털 기술에 익숙한 디지털 네이티브라도, 아니 어쩌면 디지털 네이티브일수록, 디지털 기술을 더욱 효과적으로 활용하도록 도와주는 디지털 문해력 교육이 필수적이다.

주지하듯 허위 정보 노출의 주된 경로는 온라인 동영상, 개인 방송, 소셜미디어, 블로그 등 대부분 디지털 매체이다. 이들 매체에 대해 비판적으로 사고하는 능력, 디지털 미디어로 공유되는 정보를 올바로 평가하는 능력과 그 안에서 신뢰성 있는 정보를 선별해 내는 능력이 오늘날 디지털 네이티브가 갖추어야 할 필수 문해력 중 하나라고 할 수 있다.

또한 우리 모두는 정보 수용자로서만이 아니라 다양한 정보를 생산하고 공유하는 사회적 구성원이기도 하다는 점에서, 디지털 미디어를 안전하게 윤리적으로 사용하는 능력도 디지털 문해력의 일부로 요구된다. 디지털 네이티브라고 해서 디지털 문해력의 모든 측면에서 능숙하지는 않으며, 오히려 디지털 기술과 인터넷 환경이 너무 친숙해서 디지털 기술을 대상화하여 바라보는 비판적 시각이 발달하기 어려울 수 있다. 실제로 경찰청에 따르면 보이스피싱 피해자 중 절반 이상이 10대와 20대라고 한다.

이제 피싱이나 해킹, 사이버 괴롭힘 등의 위험으로부터

자신을 보호하는 방법, 저작권 준수, 온라인상의 예절, 온라인 소통에서의 책임감 등은 그 중요성이 강조되는 것에서 그치지 않고, 실제로 그런 능력을 갖출 수 있도록 구체적인 교육과 별도의 학습이 필요하다.

조금 다른 이야기를 해 보자. 19세기 초반, 사진 기술이 등장하면서 기존의 회화 예술은 큰 위기를 맞게 되었다. 사진이 등장하기 전, 회화의 주요 목적 중 하나는 현실을 정확하게 묘사하는 것이었는데(108쪽 위의 그림 〈돌 깨는 사람들〉 참조), 이를 훨씬 더 정확하고 빠르게 수행할 수 있는 사진기가 등장하면서 회화의 존재 이유 자체가 흔들리게 된 것이다.

당연히 당대의 화가들은 이 사진 기술에 대한 반감이 엄청났는데, 개중에는 이 신기술을 적극적으로 받아들여 회화의 새로운 방향을 모색한 화가들도 있었다. 발레 그림으로 유명한 화가 에드가 드가는 사진을 통해 포즈와 구도를 깊이 탐구한 대표적인 화가로, 그의 작품들 다수에서 사진의 영향을 찾아볼 수 있다(108쪽 아래 그림 〈발레 리허설〉 참조). 이러한 흐름으로 사진은 점차 회화와 공존하면서 회화가 새로운 방향으로 발전해 나가는 데 중요한 역할을 하게 되었다.

오늘날 인공지능 기술로 만들어지는 완성도 높은 각종 이미지도 150여 년 전 회화와 사진 기술의 갈등과 닮아 있는

기술 발전에 따른 변화

(위) 구스타프 쿠르베, <돌 깨는 사람들>(1849): 사진이 등장하기 전, 회화의 주요 목적 중 하나는 현실을 있는 그대로 정확하게 묘사하는 것이었다. 안타깝게도 이 그림은 1945년 제2차 세계대전 중 독일의 폭격으로 파괴되었다.

(아래) 에드가 드가, <발레 리허설>(1873)[23]: 사진이 처음 등장했을 때 화가들은 이에 대한 반감이 엄청났는데, 일부 화가들은 사진 기술을 적극적으로 받아들여 회화의 새로운 방향을 모색했다. 에드가 드가 역시 그중 한 사람이었다.

점이 많다. 인공지능이 사람보다 훌륭한 결과물을 만들어 내는 것에 대해 반감을 갖기도 하지만, 이는 급속도로 진행되는 기술 발전의 변화에 적응하기 위해 디지털 문해력의 지속적인 향상이 필요하다는 것을 의미하기도 하기 때문이다.

기술이 발전하고 새로운 기능이 생겨날수록 그에 대한 새로운 학습 역시 필연적으로 요구된다. 그간 인류가 이뤄 온 발전과는 견줄 수 없는 속도로 인공지능이 발달하고 눈 감았다 뜨면 새롭게 변해 있는 디지털 미디어 환경에서 인간의 주체성과 고유성을 지키는 방법은, 변화하고 발전하는 기술에 발맞춰 우리의 기술적 숙련도를 높이고, 그것을 바탕으로 창의적 생산성, 창의적 표현 능력을 계속해서 발전시켜 가는 일일 것이다. 이런 점에서 디지털 문해력은 결국 **'평생학습'**의 대상일 수밖에 없고, 인공지능과는 달리 주체성을 가진 언어 사용자, 또 비판적 사고를 바탕으로 무엇이 옳고 그른지 판단할 수 있는 윤리적 존재를 길러 내는 것과 다름없다.

비판적 문해력 ①

문해력으로 세상을
바꿀 수 있다고?
– 문자 읽기를 넘어 세상 읽기

_____

 문해력으로 뭘 할 수 있을까? 문해력의 힘은 어디까지일까?

 '읽고 쓸 수 있는가?'의 문제는 '학습'과 '일', '일상생활' 등 삶의 곳곳에 지대한 영향을 미친다. 이러한 점에서 문해력은 한 사람의 인생을 변화시키는 힘을 가졌다고 할 수 있다.

 글을 읽지 못하는 삶은 어떤 모습일까? 어떤 어려움을 겪을까? 우선, 대부분의 학습이 '글'을 통해 이루어진다는 점을 고려했을 때, 개인의 성장과 성취에 필요한 배움을 획득하는 데 크고 작은 제약을 겪을 것임은 자명하다. 더 근원적으로 글을 읽지 못하는 것은 생존에도 위협적이다. 가령, 식당에

가서 메뉴판을 읽을 수 없다면? 의약품 설명서를 읽지 못해 심각한 알레르기 반응을 일으키는 약을 먹게 된다면? 이처럼 문해력은 인간다운 삶을 영위하는 데 기초를 이룬다.

나아가 문해력은 사회적 삶, 즉 세상을 이해하고 살아가는 데에도 영향을 미친다. 다양한 글을 읽고 쓰는 것은 세상에 대한 이해의 폭과 깊이를 확장하는 가장 손쉬우면서도 확실한 방법이다. 책이나 뉴스, 각종 정보 및 견해가 담긴 글을 읽고 쓰는 활동을 통해 우리는 인간 성장의 바탕이 되는 다양한 정보와 지식에 접근할 수 있고, 상반되는 관점과 논리를 비판적으로 검토하면서 생각하는 힘을 기를 수 있으며, 이를 토대로 더 발전적인 방향으로 사고하고 행동할 수 있게 된다. 이처럼 문해력은 세상에 존재하는 다양한 관점, 생각, 논리를 '알게' 하고, 이를 바탕으로 세상에 대해 '비판적으로 사고'하게 하며, 나아가서는 '세상에 참여'할 수 있게 한다.

이러한 이유로, 문해력을 획득한다는 것은 문자를 읽고 쓸 수 있는 언어적 기능을 습득하는 것 이상의 문제이다. 언어에 반영되어, 언어를 통해 공유되는 세상의 사회적, 문화적, 정치적 맥락을 읽어 내고 이해하는 문제, 그러한 세상의 논리와 맥락에 대해 질문을 던지며 세상을 변화시켜 나가는 문제로까지 확장되는 것이다. 이러한 확장된 문해력, 즉 '세상을 읽고 변화시키는 힘'으로서의 문해력이 곧 **비판적 문해력**이다.

아무리 그렇다 하더라도 문해력으로 세상까지 변화시킨다는 것은 과한 주장이 아닐까? 도대체 어떻게 비판적 문해력으로 세상을 변화시킬 수 있다는 것일까? 흔히 비판적 문해력(또는 비판적 읽기)을 '비판하며 읽는 것'으로 생각하는 경우가 많다. 그리고 이때의 비판을 '글의 잘못이나 오류를 지적하는 것'으로 여기곤 한다. 이러한 생각은 반은 맞고 반은 틀리다. 글에 대한 평가 자체가 비판적 문해력의 목적은 아니며, 전부인 것도 아니기 때문이다.

글을 비판적으로 평가하며 읽어야 하는 이유는 글, 즉 언어에는 특정한 개인 또는 세상의 생각, 요구, 입장, 가치, 이데올로기 등이 담겨 있기 때문이다. 예를 들어, 남성 의사는 '의사'라고 하지만 여성 의사는 '여의사'라고 성별을 명시하는 언어 사용, 등하굣길 횡단보도에서 어린이들의 교통안전을 지도하는 학부모 봉사 단체를 '녹색어머니회'라고 명명하는 언어 사용에는 모두 '성역할'과 관련한 우리 사회의 인식 또는 이데올로기가 반영되어 있다.

이와 같이, 세상의 이데올로기를 그대로 반영하고 있는 언어들을 무비판적으로 수용하고 사용하게 되면 어떤 일이 발생할까? 별다른 의심 없이 행해지는 반복적 사용은 그것을

'당연한 것'으로 여기게 만든다. 즉, 언중言衆은 이들 언어에 담긴 세상의 관점과 이데올로기를 상식으로 받아들일 가능성이 높다. 이 과정에서 '상식으로 무장한' 세상의 인식과 논리는 고착화될 것이며, 이러한 인식과 논리에 바탕을 둔 관행적 사고와 행위가 반복될 것이다.

언어의 선택과 사용은 이처럼 세상을 이해하고 살아가는 방식과 연결된다. 그리고 이것이 글을 비판적으로 읽어야 하는 이유이다. 상식으로 자리 잡은 언어 사용에 대해 민감하게 반응하고 비판적으로 따져 묻는 과정에서, 우리는 '과연 이것이 타당한 관점이고 올바른 가치인가?'와 같은 의문을 품게 된다. 비판적 읽기를 이어 가면서 이러한 마음속 의문은 점차 '타당한 관점과 올바른 가치는 무엇일까?', '이를 위해 우리 사회의 어떤 부분이 어떠한 방향으로 바뀌어야 하는가?'와 같은 세상에 대한 문제 제기로 확장될 것이다. 이렇게 비판적으로 읽고 사고하는 것은 곧 사회참여적 행위로 이어진다.

대표적인 비판적 문해력 교육자이자 철학자인 파울로 프레이리가 '단어 읽기를 넘어 세상 읽기'로서의 문해력을 주창한 것은 이러한 이유 때문이다. 그에 따르면, 시민들이 문해력을 길러야 하는 이유는 그저 글에 적힌 단어의 의미를 알고 주제를 정확하게 파악해서 원활하게 소통하기 위함이 아니다. 그 단어를 선택한 사람(들)이 전달하고자 하는 진짜 메시지, 언어에 반영된 또는 숨겨진 진짜 의도를 읽어 내는 것, 이를 통해 세상을 이해하고 살아가는 방식에 대해 진지하게 생각하여 자신이 추구할 방향성을 찾는 것이 문해력을 길러야 하는 진짜 이유이다.

프레이리의 주장을 살피다 보면, 비판적 문해력은 일반 시민이 실천하기에 상당히 심오하고 어려운 일인 것처럼 보인다. 그러나 우리는 알게 모르게, 이미 비판적 문해력을 실천하고 있다. 부정확한 정보나 편향된 견해를 담고 있는 뉴스를 읽고 그저 '무시'하는 소극적 차원에 머물지 않고 직접 댓글을 달아 뉴스의 편향성을 알리고 문제를 제기하는 행위, 알고리즘에 의해 자신이 좋아할 만한 콘텐츠만 선별되어 추천되는 것을 막기 위해 검색 기록을 삭제하는 행위, 편협한 시각에 갇히는 것을 우려하여 자신과 반대되는 관점의 콘텐츠를 일부러 찾아보는 행위 등이 모두 비판적 문해력을 실천하는 사례들이다. 비판적 문해력에서 중요한 것은 침묵하지 않고 기꺼이 말하고자 하는 '자세', 더 알아야 한다는 '인식'과 이를 행하고자 하는 '태도', 무엇보다 이러한 자세와 태도를 실제 행동으로 옮기는 '실천'이다.

문해력 발달에서 비판적 문해력의 획득과 실천은 매우 중요하며 필수적이다. 말과 글에 담긴 타자들의 생각과 의도, 입장, 가치 등을 제대로 이해할 수 있어야 올바르게 사고할 수 있고, 주체적으로 살아갈 수 있기 때문이다. 호주의 문해력 교육 연구자인 프리바디와 루크가 1990년에 제안한 네 가지 독자 역할 및 자원 모델four roles/resources model은 현재까지도 문해력 교육의 목표와 내용을 설정하는 데 주요하게 참조되는 틀이다. 이 모델에 따르면, 비판적 문해력은 특별한 능력을 갖춘 사람 또는 특정한 직업군의 사람이 갖추어야 하는 능력이 아니라, 시민이자 직업인으로서 삶을 영위하기 위해 평범한 모든 사람이 익히고 직접 수행해야 하는 독자의 역할 중 하나이다.

독자 역할	역할의 의미	주요한 자원들: 무엇을 할 줄 알아야 하는가?
기호 [code]를 해독하는 자	텍스트 속 다양한 기호의 의미를 풀어내는 독자	• 문자와 소리의 관계, 철자법, 구두법 등을 알고 단어 읽기에 적용하기(단어의 소리, 형태, 의미, 구조 등을 이해하고 읽어 내기) • 문장의 구조와 패턴을 이해하고 읽어 내기 • 텍스트의 편집과 방향, 형태 등을 이해하고 파악하기
텍스트에 참여하는 자	독자가 가진 지식, 경험과 텍스트를 연결하여 의미를 구성해 내는 독자	• 단어의 기능과 용법, 글의 구성 요소(구어, 문어, 시각적 표현)와 구조, 전개 방식을 이해하고 파악하기 • 텍스트의 화제와 관련된 지식과 경험을 활용하여 텍스트의 의미를 추론 및 구성하기

텍스트를 사용하는 자	다양한 맥락에서 독자의 읽기 목적을 달성하기 위해 텍스트를 활용하는 독자	• 텍스트의 사회·문화적 기능, 장르 유형과 특성을 이해하고 파악하기 • 읽기 목적을 세우고, 목적 달성에 부합하는 장르의 텍스트를 선택하여 관련 정보를 찾아내기 • 읽기 목적 달성에 필요한 읽기 방법과 매체를 전략적으로 활용하기
텍스트를 분석하는 자	텍스트가 독자와 세상에 대하여 어떤 식으로 작용하는지를 분석하고 비판적으로 읽어내는 독자	• 텍스트에 필자의 가치, 세계관, 정체성이 반영되어 있음을 알고, 필자가 텍스트에 자신의 의도를 반영하고 독자에게 영향을 미치기 위해 어떠한 텍스트 장치와 전략을 활용했는지 파악하기 • 텍스트에 포함된 것, 배제된 것이 무엇인지 파악하고 그 이유를 분석하기 • 필자가 선택한 기호와 정보를 평가하고, 유사한 화제나 주제를 가진 다른 텍스트와 관점 및 어조 등이 어떻게 다른지 비교하기 • 텍스트의 한계를 인식하고 대안을 제시하기 • 텍스트의 디자인과 담화(discourse)는 비판될 수 있고 다양한 방식으로 재구성될 수 있음을 이해하고 텍스트를 비판적으로 분석하고 재구성하며 읽기

프리바디와 루크의 독자 역할 및 자원 모델

비판적 문해력은 텍스트가 사람과 사회에 미치는 영향을 스스로 분석하고 이를 비판적으로 인식하여 대응하는 '텍스트를 분석하는 자'의 역할 수행과 관련된다. 텍스트 분석가로서의 역할을 수행하기 위해 우리는 텍스트가 누군가의 관점과 의도를 바탕으로 생산된 산물이라는 인식을 바탕으로, 이에 반영된 필자의 관점, 사회·문화적 편견이나 이데올로기를 분석하여 텍스트가 개인과 사회에 어떤 영향을 미치는지를 파악하고, 그 타당성을 평가하여 대안을 제시할 수 있어야 한다.

독자 역할 및 자원 모델을 통해 확인할 수 있듯이, 문해력은 텍스트를 해독하는 것뿐만 아니라, 다양한 맥락에서 텍스트를 이해하고, 사용하고, 비판적으로 참여하는 것 모두를 아우른다. 네 가지 독자 역할 모두를 수행할 수 있을 때라야 진정으로 '읽고 쓰는 존재', 즉 문해력을 획득한 존재로 자리매김할 수 있다. 그러므로 기억하자! 언어의 의미를 파악하는 것을 넘어, 언어 너머의 세상을 읽어 내는 것, 이것까지가 우리가 갖추어야 할 문해력이다.

텍스트에 속지 않으려면?

– 사실과 의견을 구별해 내는 힘

2021년, OECD에서 한 보고서를 발표하면서 대한민국이 그야말로 난리가 났다. 사건의 발단이 된 보고서는 「21세기 독자: 디지털 세상에서의 문해력 기르기21st-Century Readers: Developing Literacy Skills in a Digital World」라는 제목의 연구물로, 2018년 국제 학업성취도 평가의 주 평가 영역이었던 '읽기' 평가 결과에 대한 분석이 주요 내용이다.

대한민국이 이 보고서에 민감하게 반응한 이유는 우리나라 만 15세 청소년들의 읽기 능력, 특히 **'비판적 읽기'** 능력이 OECD 37개 회원국 중 최하위권이라는 충격적인 결과 때문이었다. 반면, 글을 읽고 주제나 주요 내용을 파악하는 능력은 회원국 중 5위로 상위권에 속하는 것으로 나타나, '우리나라 학생들의 문해력 중 특히 비판적 읽기가 국제적으로 걱정할 만한 수준'이라는 우려와 불안감이 더욱 증폭되었다.

국제 학업성취도 평가의 조사 결과만큼이나 주목해야 할 점은 '비판적 읽기'의 평가 항목이 '사실과 의견 구별하기'였다는 점이다. 이와 관련하여 다음과 같은 의문이 제기될 수 있다.

- 사실과 의견을 구별하는 것이 '왜' 비판적 읽기인 것일까?
- 사실과 의견을 구별하는 능력이 비판적 읽기를 평가할 수 있는 대표 항목으로서 충분할까?

결론부터 말하자면, 사실과 의견을 구별하는 능력은 비판적 읽기의 '기본'이자 '핵심'이다. 이러한 중요성으로 인해, 국어교육에서는 사실과 의견 구별하기를 초등학교 때부터 가르치고 있다.

우리나라 국어교육에서 '사실과 의견 구별하기'를 읽기교육의 내용으로 다루기 시작한 것은 1981년에 고시된 4차 국어과 교육과정부터였다. 그리고 가장 최근 고시된 2022 개정 국어과 교육과정에서도 사실과 의견 구별하기는 초등학교 3~4학년의 중요 교육 내용으로, 특히 비판적 읽기의 '첫 번째' 교육 내용으로 제시되고 있다. 국어교육에서는 '사실과 의견 구별하기'를 왜 비판적 읽기 교육의 내용으로 다루어 온 것일까? 그리고 비판적 읽기 교육을 왜 이것으로부터 시작하는 것일까?

글을 읽을 때 사실과 의견을 구별해야 하는 이유는 '글의 속성'과 관련된다. 글에는 어떤 내용이나 정보가 담길까? 과연 글에 적힌 내용은 모두 유익하고 신뢰할 만할까? 글에는 사실 정보와 필자의 주관적 의견이 섞여 있다. 그리고 의견은 동일한 대상이나 사안에 대한 것이라 할지라도 사람마다 '다를 수 있다'. 이것이 사실과 의견의 중요한 차이다.

가령, 똑같은 김치 사진에 대하여 '고춧가루로 양념한 김치이다.'라고 쓴 사람과 '김치는 빨개야 제맛이다.'라고 쓴 사람이 있다고 생각해 보자. 전자는 객관적인 사실을 기재한 것에 해당하고, 후자는 말하는 사람의 기준이나 경험을 바탕으로 주관적 의견을 제시한 것에 해당한다. 전자와 달리, 후자에 대해서는 사람마다 이견異見이 있을 수 있다. 백김치를 선호하는 사람, 김치의 양념 맛보다는 식감을 중시하는 사람이 있을 수 있기 때문이다.

그러므로 글을 읽을 때에는 필자의 의견에 해당하는 부분을 찾고 그 내용의 타당성과 공정성, 적절성 등을 비판적으로 검토하여 필자 의견에 동의할 것인지, 그리고 필자 의견을 어떻게 수용할 것인지를 판단하는 것이 매우 중요하다. 필자 의견에 동의한다고 하더라도 그 의견의 바탕을 이루는 관점을 수용하지 않거나 근거의 타당성에 대해 지적할 수도 있다. 바로 이러한 이유로, 사실과 의견 구별하기는 비판적 읽기의 시작점이 된다. 필자 의견에 대해 비판적으로 따져 묻기 위해서는 일단 글에서 사실과 의견을 구별할 줄 알아야 하기 때문이다.

그렇다면, 사실에 대해서는 비판적 읽기가 필요하지 않은 것일까? 그렇지 않다. '의견에 대한 비판적 읽기'와 그 양상과 목적이 다를 뿐, 사실에 대해서도 철저한 비판적 읽기가 필요하다.

의견에 대한 비판적 읽기가 글 내용의 옳고 그름을 따져 수용 여부를 결정하는 데 중점을 둔다면, 사실에 대한 비판적 읽기는 내용의 진위 여부를 밝혀내는 데 중점을 둔다. 독자는 글 속 사실 정보에 대해 그 내용이 정확한지, 신뢰할 만한 것인지 등을 비판적으로 검토하고 판단할 수 있어야 한다. 특히, 인공지능 기술과 미디어의 결합으로 각종 **잘못된 정보(오정보)**

misinformation, 가짜뉴스와 같은 **허위 정보**disinformation가 폭발적으로 양산되는 요즘 사회에서는 사실 여부를 합리적으로 의심하고 판별해 내는 힘, 즉 사실에 대한 비판적 읽기의 중요성이 날로 커지고 있다.

더욱이, 일상생활에서 접하는 대부분의 글에는 사실과 의견이 복잡하게 섞여 있으며, 교묘한 언어를 사용하여 사실인 '척하는' 의견도 많다.

- 압도적 기량으로 한일전 승리… 남자 양궁 대표팀, 올림픽 단체전 3연패 향해 '순항'[24]
- "샤인머스캣만 내렸어요"… 만 원짜리 오이에 울상된 시민들[25]

사실과 의견이 섞여 있는 기사의 헤드라인 사실만을 다루고 있을 것 같은 뉴스 기사에도 작성자의 특정한 의도나 주관적 해석이 포함되어 있다.

첫 번째 뉴스 기사 제목은 올림픽 남자 양궁 대표팀이 일본 대표팀과의 경기에서 승리한 일을, 두 번째 뉴스 기사 제목은 2024년 대한민국을 찾아온 기록적인 폭염과 기후 변화로 과일 및 채소 가격이 폭등한 상황을 나타내고 있다. 모두 사실에 기반한 내용을 담고 있지만, '압도적 기량'이나 '만 원짜리 오이'라는 표현에는 모두 기자의 특정한 의도나 주관적 해석이 포함되어 있다. 우리나라 선수들의 기량을 추켜세움으로써 '한일전' 승리의 의미를 강조하려는 의도, 실제로는 오이 5~7개의 가격이 만 원에 책정된 것인데 그 개수와 관계없이 대표적인 반찬 재료인 오이가 '만 원대'에서 거래되는 것을 부각함으로써 물가 인상의 심각성을 진단한 기자의 해석 등이 모두 사실 정보와 섞여 제시되고 있는 것이다.

교묘하게 '사실인 척하는 의견'을 포함한 이른바 '낚시성 기사' 또는 '카더라 통신'에 해당하는 글들도 많다. 일상 속 글들이 전달하는 정보와 의도를 정확하게 파악하기 위해서는 비판적 읽기가 필요하며, '사실과 의견 구별하기'는 그 첫걸음이라 할 수 있다. 이러한 점에서 사실과 의견 구별하기로 대표되는 비판적 읽기는 일상을 살아가는 누구나 가지고 있어야 하는 힘이며, 실천할 수 있어야 하는 능력이다. 글에서 사실과 의견을 구별하지 못하거나 그러한 노력을 시도조차 하지 않았을 때의 불상사를 우리는 이미 많이 경험한 바 있다.

2017년에 발생했던 이른바 '240번 버스 사건'은 나무위키에 표제어로 등재되어 있을 정도로 유명하다. 익명의 제보자가 '다섯 살도 안 되는 어린 아이가 혼자 내렸으니 버스 뒷문을 열어 달라는 아이 엄마의 요구를 서울 240번 버스 기사가 무시했다'는 내용의 목격담을 인터넷상에 올린 것이 사건의 발단이었다. 이야기는 빠르게 번져 나갔고, 해당 버스 기사를 공격하는 무자비한 악플 세례가 이어졌다. 이 과정에서 버스 기사는 '매정하고 무자비한 사람'으로 낙인이 찍혀, 직장 생활은 물론 일상생활을 이어 가기 어려울 정도로 사회적 지탄을 받았다. 그러자 버스 기사의 딸이 온라인상에 떠도는 목격담의 내용과 실제 사실이 다르다는 글을 인터넷에 올렸고, 실제로 그날의 사실과 제보자의 목격담이 상당 부분 다르다는 점이 확인되면서 논란은 사그라들었다.

다음 페이지의 표는 나무위키에서 검색한 '240번 버스 사건'의 목차이다. 이 사이트는 시민들이 직접 작성하는 백과사전이라는 점에서, 목차가 어떻게 구성되었는지를 통해 이 사건에 대한 일반 시민의 인식과 생각, 평가 등을 짐작할 수 있다. 목차 항목(6번)에서 드러나듯이, 이 비극적 사건의 발생 원인은 매우 복합적이다. 그러나 문해력의 관점에서, 여러 발생 원인 중 '6.3. 글에 대한 비판적 수용 부족'에 주목할 필요가 있다. 시민들도 느끼고 있듯이, 이러한 비극이 발생한 원인 중 하나는 '글을 무비판적으로 수용한 것', 더 정확하게 말하자면 '글의 모든 내용을 아무런 의심 없이, 검증의 절차 없이,

---

'240번 버스 사건'에 대한 나무위키의 목차[26] 이 사건에 대해 일반 시민의 인식과 생각, 평가 등을 확인할 수 있는데, 비판적 수용에 대한 인식까지 그 범위를 확장했다는 점에서 주목할 만하다.

사실로 받아들인 우리의 무책임함'이다. 글의 내용이 사실인 지 의견인지 구별하려는 시도조차 하지 않고 그대로 '믿어 버 린 탓'에 벌어진 일인 것이다.

물론 사실과 의견의 구별은 상당한 수준의 지식과 안목 을 요구한다는 점에서 '어려운' 과제임이 분명하다. 무엇보다 이를 구별하는 것은 별도로 검색을 하거나 주변 사람들에게 물어서 확인해야 하는 등 다소 '번거로운 일'이며, 이러한 번

거로움을 감수한다고 해도 '정확하게 사실과 의견을 구별해 낼 수 있다고 확언'할 수도 없다. 그러나 중요한 것은 '정확하게 사실과 의견을 구별해 낼 수 있는가?'와 같은 능력에 앞서, '사실과 의견을 구별하려고 노력하는가?'와 같은 자세이다. 240번 버스 사건과 같은 비극을 반복하지 않을 수 있다면, 이 정도의 번거로움은 기꺼이 감내할 만한 가치가 있지 않을까?

'비판적'이라는 말에 담긴 본질적 의미는 그것이 사실이 아니거나 상식이 아닐 수 있음을 의심하는 '건전한 회의懷疑'이다. 이러한 건전한 회의의 자세, 합리적인 의심을 지속하면서 사실과 의견을 구별하려 노력하는 자세가 비판적 읽기의 핵심이고, 비판적 문해력의 본류이다. "댓글을 쓰기 전에 딱 3일만 지켜보고 생각해 보자."라는 240번 버스 기사의 호소는 우리가 왜 '사실과 의견 구별하기'를 배워 실천해야 하는지를 다시금 생각하게 한다.

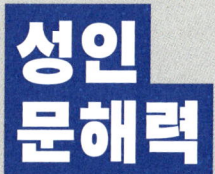
성인
문해력

역시 문해력!
– 사회로 나아가는 첫걸음

청소년의 문해력뿐 아니라 성인의 문해력 문제가 신문에 오르내리는 것이 낯설지 않다. 특히 최근에는 '심심한 사과 말씀 드립니다'에 쓰인 '심심한'의 의미를 이해하지 못한 여러 사람들이 "심심한 사과… 이것 때문에 더 화나는데…"와 같은 반응을 보이면서 논란이 되었다. 이 사례와 함께 우리나라 성인의 '실질 문맹률'이 매우 높다는 성토가 여러 매체에서 쏟아져 나왔다. 그러나 한편에서는 '실질 문맹률'에 대한 오해가 누적되어 왔음을 지적하며 비판적으로 검토하는 의견도 제기되었다.

'심심한 사과'를 둘러싼 논란뿐만이 아니다. 최근 인터넷 게시판, 학부모 대상의 가정통신문, 공지문 등에 쓰인 '고지식하다'의 '고지식'을 '높은 지식 수준'으로, '중식(점심) 제공'의 '중식'을 '중국 요리'로, '금일수日 제출'의 '금일'을 '금요일'로 각각 어휘 의미를 오해하여 의사소통에 문제가 생기는 양상이 반복되고 있다. 쉬운 말을 쓸 것이지 왜 모르는 말을 썼냐며 따지기 일쑤다.

이러한 사례들은 성인이 접하는 읽기 텍스트에서 문장 구조가 단순함에도 불구하고 주로 어휘, 특히 '한자어'의 뜻을 잘 알지 못하여 발생한 것이라는 공통점이 있다. 혹여 해당 한자어를 몰랐더라도 글 전체의 목적과 앞뒤 문장의 맥락을 잘 헤아리면 어휘의 의미를 추론할 수 있었을 텐데, 그렇게 하지 않았다는 점도 마찬가지이다. 댓글이나 뉴스 보도 등을 통해 해당 어휘의 뜻을 알고 나서는, 굳이 왜 어려운 한자어를 써서 알아보기 어렵게 하냐고 항의하는 댓글이 다시 달리는 것도 비슷하다.

현재 30대 이하 성인들은 이전 세대에 비해 학교에서 한자 교육을 많이 받지 않은 세대이므로,[27] 한자어 논란은 어찌 보면 자연스러운 귀결일 수 있다. 후배 작가들이 나무 이름을 너무 모른다고 타박했던 고故 박완서 작가에게, 나무 이름은 몰라도 커피 종류별 이름은 선배 작가들보다 훨씬 잘 안다고 응대했다는 후배 작가의 일화처럼, 세대 간의 문화와 경험 등이 달라서 생기는 문제일 수도 있는 것이다.

그러하더라도 업무 메일에서 '금일'이, 가정통신문에서 '중식'이 소통되고 있는데, "나는 모르니까 회사와 학교가 알아서 바꿔 써 주세요." 할 수는 없는 노릇이다. 성인이 일상생활이나 직무 환경 등에서 마주하는 다양한 텍스트는 '사회적 의사소통'의 차원에서 이해되어야 한다. 성인에게는 자기 주도적 판단과 책임 있는 결정을 통하여 사회적 의사소통 능력을 향상하기 위한 학습 목표를 설정하는 성숙한 태도가 전적으로 요구되며, 이것이 사회가 청소년과 달리 성인에게 기대하는 바일 것이다.[28] 따라서 성인도 자신의 문해력을 성찰하고 스스로 '공부'할 필요가 있다.

한편으로는 이 문제에 접근하는 언론의 프레임이 어느 정도 고착화되어 있음을 엿볼 수 있다. 특히 이러한 논란과 함께 자주 언급되는 '실질 문맹률'에 대한 해석이 엇갈리는 장면을 보면, 문해력이 최상위 수준일 것으로 기대되는 기자들조차 정보를 무비판적으로 수용하고 있지 않은지 의심하게 된다.[29] 즉 표면상으로 부각된 문제는 '어휘력'이었지만, 좀 더 깊이 살펴보면 문제가 '비판적 문해력'에까지 닿아 있음을 알 수 있다. 이처럼 성인은 사회적 의사소통에 참여하는 일원으로, 일상생활에서 각종 텍스트를 읽고 이해하는 수용자로서의 역할뿐 아니라 자신의 직무 전문성을 발휘하여 사회적 담론을 형성하고 책임지는 생산자로서의 역할도 담당한다. 문해력에 대한 학습자이자 비판적 성찰자가 될 필요가 있는 것이다.

다행히 2020년경부터 성인 대상의 어휘력이나 문해력 관련 도서가 꾸준히 베스트셀러 또는 화제의 책 선정에 오르고 있다. 이는 성인들이 문해력 향상의 필요성을 자각하고 문해력 계발에 힘쓰고 있음을 방증한다. 이러한 노력이 사회적 의사소통에 실질적으로 기여할 수 있도록 더욱 관심을 가지고 오늘도 자신의 언어생활을 점검할 필요가 있다.

66 어떻게 써야
사회생활에 도움이 될까?

포털 사이트에 '이력서 셀카'를 검색해 보면 "취업 이력서 사진 셀카로 넣어도 되나요?", "이력서에 셀카 사진 넣었는데 괜찮겠죠?"와 같은 질문이 넘쳐난다. 되도록이면 사진관에서 촬영한 증명사진을 넣으라는 답변이 다수이기는 하지만, 정면을 보고 단정하게 찍었으면 괜찮다는 의견도 간혹 보인다. 구직자가 아닌 사측 입장에서 "이력서에 셀카 넣은 사람들 뽑아도 되나요?"라는 질문도 있다. '일단 거른다'와 '셀카 여부는 상관없다'는 답변으로 갈린다. 여러분이 구직자라면, 또는 채용 담당자라면 어떠한 선택을 할 것인가?

'이력서 셀카'에 대한 사회적 분위기를 살피면, 아직은

구직자와 채용 담당자 모두 '적절하지 않다'가 대세를 이루는 듯하다. 구직자라면 셀카보다는 증명사진을 넣는 것이 채용 맥락에서 유리할 확률이 크다. 즉 '안 되는 것'은 아니지만, '더 적절한 것'이 있다.

이력서에 셀카를 넣을 것인가 증명사진을 넣을 것인가와 같은 고민은 글쓰기 맥락에도 동일하게 적용된다. 같은 정보를 전달하더라도, 같은 내용을 설득하더라도 더 잘 소통될 수 있고, 문제 상황에서 해결이 원만하게 이루어지도록 이끌 수 있다.

이번에는 포털 사이트에 '이메일'을 검색해 보자. 회사 이메일이라는 장르이자 매체에 적합하게 글을 잘 쓰는 방법을 묻거나 자신의 비법을 공유하는 글들이 보인다. 이메일이 뭐라고 '잘 쓰는 법'까지 알아야 하나 싶을지 모르지만, 이메일은 직무 사회에서 중요한 의사소통 맥락을 형성하고 있다.

온라인상에서 공유되는 여러 가지 '비법' 중 가장 공통적으로 강조되는 것은 회사마다 가지고 있는 이메일의 '격식'에 맞게 쓰라는 것이다. 실제로 어느 공동체의 어느 맥락이든 각각 통용되고 존중되는 격식이 있다. 이력서에 셀카 사진을 넣는 것이 안 되는 것은 아니지만 격식에 맞지 않듯이, 격식을 고려하면 더 나은 선택지를 고르게 된다. 언어에서도 마찬가지이다. 글을 '더 잘', 즉 맥락과 격식에 맞게 언어를 선택하여 쓰면 더 원활하게 사회적 의사소통을 하며 문제를 해결할 수 있다. 어디 이메일뿐이겠는가.

맥락에 적절하고도 격식 있는 표현을 쓰는 데에는 **어휘 선택**이 중요하게 작용한다. 어휘력뿐만 아니라 **문법 능력**도 중요한 영향을 미친다. 격식에 맞는 문장구조와 문장 종결 유형을 선택하고, 문장과 문장을 논리적으로 연결해야 독자에게 잘 읽히며 깊은 인상을 주는 글을 쓸 수 있다. 성인 문해력을 구성하는 내용으로 국어교육 전문가들이 말하기, 듣기, 읽기, 쓰기의 보편적인 영역뿐 아니라 '문법(어휘 포함)'이 포함되어야 한다고 말하는 이유도 이와 같다.[30]

'문법'이라 했을 때 학창 시절에 맞춤법의 정오를 무작정 외웠던 것만 기억난다면, 제대로 된 문법 교육을 받지 못했을 가능성이 크다. 그간의 성인 대상 문법 교육도 정오 판단 중심의 어문규범 교육에 경도되어 있는 감이 없지 않았다. 그러나 최근에는 어문규범 조항을 이해하는 데 그치지 않고, 어문규범 내용을 읽기와 문장 쓰기에 적용하여 언어생활 전반에 활용할 수 있도록 하는 교육을 지향하고 있다.

국립국어원의 국어문화학교나 국가평생교육진흥원의 문해력 관련 강의 등에서 이러한 변화를 찾아볼 수 있다.[31] 성인의 격식 있는 글쓰기를 포함한 문해력 향상의 관점으로 접근해야만 맞춤법을 비롯한 언어규범 교육의 방향과 가치도 새롭게 전환될 수 있는 것이다. 또한 읽기와 쓰기에서 중의적重義的이지 않고 명확하게 뜻을 전달하는 문장구조를 이해하고 활용하기, 담화를 긴밀하게 구성하는 문법적 표지標識 사용하기 등도 문해력 교육을 위한 문법 교육의 역할이다.

맥락과 격식에 맞는 언어를 선택해 보자. 격식 있는 표현이 당신의 품격을 높여 줄 것이다.

Class 3.

소통과 실천의 문해력

실제 삶에서 문해력은
어떤 모습일까?

⁶⁶ 질문의 힘
– 질문이 없으면 문해력도 없다!

무언가를 읽는다는 것은 독자가 자신의 배경지식을 바탕으로 텍스트와 역동적으로 상호작용하는 과정이다. 이러한 과정에서 독자는 텍스트를 읽으며 스스로 다양한 질문을 생성하게 된다. 독자가 텍스트를 읽기 전, 읽는 중, 읽은 후의 과정에서 질문을 가지는 것은 그 자체로 하나의 중요한 읽기 과정이다.

이에 따라 오래전부터 많은 학자들은 읽기 과정에서 독자가 가지는 **질문**★이 독해력에 미치는 영향에 대해 연구해 왔다. 질문은 독자가 텍스트의 내용을 보다 정교하게, 그리고 깊이 있게 이해하는 과정에서 중요한 역할을 한다는 것이다. 특히 독자로서 스스로 가진 질문에 대해 답을 찾으며 텍스트를 읽는 행위는 문제 해결 능력을 향상시키고, 사실적·추론적·비판적·창의적 이해 역량을 기르는 데 도움을 준다.

유대인들에게는 오랜 전통 교육 방법으로 '하브루타chavruta'라는 것이 있다. 하브루타는 질문을 통해 생각을 나누고 토론하며 사고력을 키우는 유대인의 교육 방법으로 널리 알려져 있다. 노벨상 수상자의 30% 이상이 유대인이라는 점 역시 이들의 오랜 교육 방법인 하브루타와 무관하지 않을 것이다.

- "네 생각은 어때?"
- "왜 그렇게 생각하니?"

하브루타의 핵심은 질문이다. 위 예문은 유대인 부모나

교사가 많이 하는 대표적인 질문 두 가지이다.[1] 텍스트를 읽고, 특정 주제나 어떤 현상에 대해 대화를 나눌 때 이와 같은 질문을 주고받을 수 있다. 대화 참여자들은 자신이 왜 그렇게 생각하는지에 관해 끊임없이 질문과 대답을 반복하며 토론을 이어 가기도 한다. 이러한 일련의 과정에서 대화 참여자들은 상대가 던진 질문에 대한 답을 찾기 위해 자연스럽게 숙고의 시간을 가지게 된다. 뿐만 아니라, 상대에 대한 반응으로서 다시 후속 질문을 던지기도 하며, 이렇듯 역동적인 대화를 통해 치열하게 자신의 논리를 구축해 간다.

이와 같은 교육 방법은 스스로 학습하는 국면에서도 그 효과를 드러낸다. 따라서 학습자는 텍스트를 읽거나 쓰는 국면에서도 앞서 살펴본 하브루타와 같이, 스스로 대화를 나누듯 자신에게 질문을 던지고, 이에 대한 답을 혼자 찾으면서 평소 깊이 사고하는 습관을 기르는 것이 중요하다.

한편, 우리나라에서 이러한 하브루타에 대해 관심을 가지게 된 배경에는 이른바 '질문이 사라진 교실'을 둘러싼 위기감이 고조된 것과도 관련이 있을 것이다. 또한 질문과 관련된 다음의 유명한 에피소드 역시 그러한 배경과 무관하지 않다.

2010년 11월, 한국에서 개최된 'G20 서울 정상회담' 폐

막 연설에서 오바마 미국 대통령이 대한민국 기자들에게 질문권을 주었는데, 우리나라 기자들 중 어느 누구도 질문하지 않았다. 계속해서 아무도 질문하지 않자, 그는 혹시나 한국 기자들이 영어 사용의 어려움으로 인해 질문을 하지 않는다고 판단하였는지, 재차 통역도 가능하니 질문을 하라고 독려했다. 계속해서 정적이 흘렀고, 아무도 나서서 질문을 하지 않았는데, 이때 한 중국인 기자가 일어나서 자신이 아시아를 대표해서 질문을 해도 되는지를 물어보았다. 그러나 오바마 대통령은 한국 기자들에게 우선적인 질문권을 주겠다는 입장을 고수했고, 그럼에도 한국 기자들이 아무도 질문하지 않자 결국 질문권은 중국인 기자에게 돌아갔다.[2]

이후 많은 대중들은 이 장면을 매우 '민망하게' 여기며, 기자들이 질문이 없었던 이유를 우리나라 교육의 문제와 연결 짓기도 했다. 어린 시절부터 학교에서 주입식 교육을 받으며, 주어진 선택지 내에서 '정답'만을 잘 고르는 훈련을 받아온 탓에 스스로 질문을 가지는 데에 많은 어려움을 느끼는 것으로 본 것이다. 이는 질문의 중요성과 질문을 생성하는 능력을 길러 주는 교육의 필요성에 대해 대중적인 관심을 불러일으킨 대표적인 사례라고 할 수 있다.

이러한 영향으로 최근 각 시도교육청에서는 '질문이 있

는 교실, 행복한 교육'이라는 슬로건 아래 학습자 스스로 질문을 가질 수 있는 교육 방안을 마련하고, 관련 교사 연수를 확대하고 있다. 이는 질문의 중요성에 대한 대중적인 관심과 미래를 준비하는 교육에 대한 사회적 요구가 맞물린 결과로 볼 수 있다.

오늘날 변화된 시대의 흐름에 따라 우리 사회가 필요로 하는 새로운 인재는 다양한 국면에서 스스로 질문을 생성하고 깊이 사고할 수 있는 역량을 갖춘 사람을 의미한다. 그리고 이러한 질문 생성 역량은 문해력과 긴밀한 관련을 맺는다.

잘 읽고 잘 쓰는 문제, 나아가 특정 국면에서 자신의 생각을 효과적으로 밝히고 표현하는 소통 역량은 스스로 적절한 질문을 생성하고, 이에 대한 답을 찾기 위해 끊임없이 노력하며, 전체 맥락을 잘 파악하는 과정에서 길러질 수 있기 때문이다.

오늘날에는 생성형 인공지능이 등장함에 따라, 학습자가 책을 읽고 난 뒤 그들의 사고력과 문해력을 향상시키기 위해 양질의 질문을 던져 왔던 교사의 역할을 챗지피티ChatGPT와 같은 생성형 인공지능이 훌륭하게 수행할 수 있을 것이라는 기대감이 커지고 있다. 머지않아 하나의 텍스트를 놓고 생성형 인공지능과 학습자가 읽은 텍스트에 대해 서로 질문을 주고받으며, 시간과 공간의 제약 없이 다양한 생각을 나누고, 지속적인 상호작용을 통해 효과적으로 문해력을 기를 수 있는 기회가 열리게 될 것이다.

최근 국내의 한 연구에서는 생성형 인공지능이 특정 텍스트를 읽고 읽기에 관한 질문을 얼마나 잘 던질 수 있는지, 그리고 해당 읽기 질문이 인공지능에 의해 만들어졌다는 것을 밝히지 않았을 때, 인간 교사가 이를 어떻게 평가하고 있으며, 질문 생성자의 정체를 파악할 수 있는지에 관한 흥미로운 실험이 있었다.[3]

연구진은 인간 교사와 챗지피티GPT-4를 대상으로 우리나라의 전통 고전인『춘향전』과 노벨문학상 수상 이력을 가진 일본인 가즈오 이시구로의 최근 작품인『클라라와 태양』을 각각 읽게 하고, 핵심 읽기 질문을 만들어 달라고 요청했다. 연구 결과, 인간 교사는 텍스트의 경계를 넘어서는 질문을 제시하는 경우가 많았으나, 선호하는 질문의 유형에 따라 일부 편향된 질문이 나타났다. 가령, 일부 교사의 경우 사실 확인 질문을 선호하거나, 내용 평가 및 논평 질문에만 편향되어 있어 학습자가 문해력을 폭넓게 기를 수 있도록 다양한 사고를 하는 데 제약이 있을 수 있다고 분석되었다.

반면 챗지피티의 경우, 학습자의 삶의 맥락과 연계된 질문은 거의 없었지만, 그 외에는 질문의 유형이 고르게 제시되었다고 해당 연구는 보고하고 있다. 주목할 만한 지점은 챗지피티가 생성한 읽기 질문에 대한 평가를 인간 교사에게 요청하였는데, 그 누구도 해당 질문이 인공지능이 생성한 질문임을 전혀 눈치채지 못했다는 점이다. 이는 향후 학습자의 문해력을 향상시키기 위한 과정에서 챗지피티가 읽기 질문을 던지는 교사의 역할을 대신할 수 있는 가능성을 충분히 보여 준 사례로 평가된다.

가까운 미래에는 책을 읽고 챗지피티와 같은 생성형 인공지능과 자유롭게 대화를 나누고, 서로의 질문에 대한 생각을 주고받으며 문해력을 기르는 일이 더 이상 영화 속 이야기가 아닐 듯싶다. 이는 이 글의 서두에서 언급한 하브루타의 상대가 이제는 인간 동료나 짝이 아닌, 인공지능 로봇이 될 수 있다는 이야기이기도 하다.

무엇을 질문해야 할지 모르면, 이에 대한 답도 구할 수 없다. 문해력을 기르기 위해서는 먼저 자신만의 올바른 질문을 가질 수 있어야 한다. 나아가 텍스트를 매개로 스스로 생성한 질문과 상대가 생성한 질문에 대한 해답을 구하는 과정에서 문해력은 점진적으로, 그리고 깊이 있게 향상될 수 있을 것이다.

66 사람들은 왜 돈까지 써 가며 '함께 읽으려고' 할까?

언젠가부터 '독서 모임'이 대세이다. 심지어 잘나가는 유료 독서 모임은 대기표를 받고 기다려야만 가입할 수 있을 정도라고 하니, 그 인기가 실로 엄청나다고 할 수 있다. 만약 이와 같은 현상이 다소 낯설거나 새롭다고 생각된다면, 아마도 그 이유는 우리의 머릿속에 자리 잡은 '독서'의 전형에 대한 인식 탓일 것이다.

독서에 대한 가장 오래되고, 전형화된 인식 중 하나는 '모름지기 독서란 혼자 사색하며 즐기는 고요한 행위'라는 것이다. 이러한 인식에 비추어 본다면, 돈과 시간을 써 가면서까지 독서 모임에 참여하는 사람들의 모습은 분명 흥미로운 현상일 것이다. 그러나 정말 독서가 혼자 하는 활동이고 고요한 행위일까? 그러한 독서만이 진중하고 의미 있는 독서인 것일까?

돈까지 써 가며 독서 모임에 참여하는 사람들의 심리나 동기는 무엇일까? 성인 10명 가운데 6명이 1년에 책을 한 권도 읽지 않는 현실(2023 국민독서실태조사[4])에서 독서 모임을 통한 '**함께 읽기**'는 어떤 의미를 가질까?

이러한 질문들에 대한 답을 찾기 위해서는 '함께 읽기'에 참여하는 사람들의 심리, 즉 이러한 행동을 하게끔 하는 힘이 무엇인지를 이해할 필요가 있다. 이와 관련하여 주목할 개념이 바로 '**독서 동기**'*와 '사회적 독서'이다.

독서 동기는 독서를 시작하고, 지속하며, 더 많이 하게끔 이끄는 독자의 심리이자 욕구를 뜻한다. 독서 동기는 개인이 실제로 독서를 하도록 이끄는 계기이자 추진력이라는 점에서 학교 독서교육에서도 중요한 목표로 다루어지고 있다. 특히 '읽을 수 있는 능력이 있음에도 읽지 않는 상태 또는 그러한 사람Aliteracy(**비독자/책맹**)'의 문제가 사회적 이슈로 대두되면서,

> ★ **독서 동기**
> 독서 동기는 독서 태도, 흥미, 습관, 효능감 등과 함께 독서 교육에서 강조되는 중요한 정의적 특성 중 하나이다. 정의적 특성은 해독, 유창성, 독해와 같은 인지적 능력과 긴밀히 상호작용하며 독자의 성장과 발달을 이끄는 데 핵심적인 역할을 한다.

자발적으로 독서를 선택하고 실천하게 하는 힘을 뜻하는 독서 동기에 대한 관심은 더욱 높아지고 있다.

그렇다면, 독서 동기를 신장하는 방법은 무엇일까? 독서 동기를 형성하고 신장하는 데 영향을 미치는 요인은 매우 다양하다. 독서 동기는 독서 활동 자체에 부여하는 개인의 가치, 독서에 대한 호기심과 긍정적 경험 등 독자 내부의 요인에 의해 영향을 받기도 하고, 독서를 함으로써 얻게 되는 성취감이나 타인으로부터 받게 되는 인정, 상과 벌 등 독자 외부에서 주어지는 자극에 의해 만들어지기도 한다.

또한 독서를 매개로 한 사회적 상호작용, 즉 타자·공동체와의 상호작용과 이를 바탕으로 한 관계 형성이 독서를 시작하거나 지속하는 계기가 되기도 한다. 가령, 학교나 직장에서 동료들과 독서 모임을 하며 평소와는 다른, 색다른 상호작용을 경험하는 것, 부모나 친구, 미디어 등으로부터 책을 추천하거나 받으며 소통하는 것, 주변 사람들로부터 자신의 독서 행위에 대해 인정, 칭찬, 격려를 받는 것 모두 독서 의욕을 고취하는 요인이다.

다음의 표에서와 같이, 독서 검사 도구들에서 독서 동기의 사회적 측면에 주목하는 것은 바로 이러한 연유이다.

나는 책을 읽고 다른 사람들과 이야기하는 것을 좋아한다.
친구들이 많이 읽는 책은 나도 읽고 싶다.
나는 좋은 책을 읽으면 다른 사람에게 추천하고 싶다.
나는 글을 읽고 다른 사람과 생각이나 느낌을 나누는 것이 중요하다고 생각한다.
나는 내가 읽은 책을 다른 사람들은 어떻게 생각할지 궁금해한다.

내 친구들과 나는 읽을거리를 교환하는 것을 좋아한다.
나는 내가 읽고 있는 것에 대해 가족들에게 말하는 것을 좋아한다.

나는 수업 시간에 읽은 것에 대해 친구들과 이야기하는 것을 좋아한다.
나는 우리 반 친구들이 읽은 것을 이해할 수 있도록 도와주고 싶다.

독서 성향 및 동기 검사 중 사회적 측면 관련 문항 예시

'인간은 사회적 동물이다'라는 아리스토텔레스의 통찰은 독서에도 적용된다. 독서를 매개로 한 관계 맺음의 경험은 아동, 청소년, 성인을 막론하고 독서를 기꺼이 하고자 하는 마음을 갖게 한다. '독서는 싫지만, 책을 읽고 대화하는 것은 즐겁다!'는 것이 독서 모임 참여자들의 공통된 반응이라는 점은 독서 동기와 관련하여 사회적 상호작용의 중요성을 여실히 보여 준다.

한편, '함께 읽기'의 활성화는 개인의 변화를 넘어, 우리 사회의 **독서 문화**를 형성하기도 하는데, 이러한 측면에서 '함께 읽기'의 가치를 강조하는 개념이 바로 **'사회적 독서'**이다. 사회적 독서란 '독서 공동체 구성원들과 함께/같이 읽는 것을 즐기며 독서 과정과 경험에 대해 타인과 소통하고 공유하는 등의 독서 활동에 참여하는 행위이자 이를 지향하는 독서 문화'를 뜻한다. 독서 모임이나 동아리 활동과 같은 집단 독서가 아니더라도, 책을 읽고 생각이나 감상을 나누는 것, 책을 매개로 책 대화를 나누는 것 등이 모두 사회적 독서의 사례라 할 수 있다. 서로 책을 추천하거나 추천받는 것, 책을 읽은 경험을 공유하는 것도 마찬가지이다.

디지털 기술의 발전은 이러한 사회적 독서의 실현 범위를 확장하고 있다. 시공간의 제약을 극복할 수 있는 온라인 공간에서 독서 모임을 운영하거나 불특정 다수의 사람과 독서 관련 콘텐츠를 공유하고 댓글로 소통하는 것이 가능해지면서, 사회적 독서가 더욱 활성화되고 있는 것이다.

사회적 독서는 독자가 책을 선택하는 것부터 책을 읽는 과정에서 직면하는 어려움을 해결하는 것, 책에 대한 감상과 견해를 공유하는 것 등 독서의 모든 과정을 독서 공동체 구성원들과 함께 협의하고 공유하는 것까지 아우른다.

사회적 독서를 통해 독자는 '독서하는 즐거움'을 맛볼 수 있을 뿐 아니라, 책에 대한 '이해의 지평을 확장'해 나갈 수 있다. 여러 사람과 생각을 공유하는 과정에서 혼자 읽을 때는

놓쳤던 부분을 깨닫고 미처 하지 못했던 생각도 하게 되어, '보다 타당한 이해와 해석', '보다 거시적이고 확장적인 시각에서의 사유'가 가능해지기 때문이다.

이제 우리는 '아까운 시간과 돈을 투자하면서까지 함께 읽어야 할 이유'에 대해 답할 수 있다. 사회적 동물인 인간은 사회적 관계 속에서 독서에 대한 욕구를 형성하며, 그 과정에서 많은 배움과 깨달음을 얻는다. '함께 읽기의 실천'으로서 사회적 독서는 독서를 실천하고 즐기려는 의지를 갖게 할 뿐 아니라, 책을 심도 있게 읽도록 이끄는 효과적인 방법이다. 또한 사회적 독서는 문해력을 기르는 데 효과적으로 기여한다. 문해력 신장에 도움이 되는 독서를 제대로, 폭넓게, 그러면서도 재밌게 실천하도록 하는 것이 바로 사회적 독서이기 때문이다.

이것이 독서교육, 문해력 교육에서 사회적 독서에 주목하는 이유이다. 이러한 견지에서 '돈까지 써 가며 독서 모임에 참여하는 사람들'은 '독서하는 사람'이 되기 위해, 또는 독서를 통한 발전과 성취를 맛보기 위해 스스로 독서교육을 실천하는 사람들이라고 볼 수 있지 않을까?

66 책이 생각을 하면
인간은 무엇을 해야 할까?

책이 생각하는 시대가 도래했다. 활자와 지면으로만 존재하던 책이 플랫폼 안에 들어가 전자책 E-book 의 형태로 제작되더니 문자가 성우의 음성으로 낭독되는 오디오북 audio book 이 인기를 끌고 인공지능 AI 로봇이 책을 읽어 주기도 하며, 이제는 인공지능과 결합해 개인의 독서를 데이터화하고 있다.

각종 독서 기록 앱은 타인의 독서 기록을 데이터화하여 참고할 수 있게 보여 주며, 나의 독서 기록을 데이터화하여 통계 수치화하고 이를 기반으로 추천 도서 목록을 만들어 주기도 한다. 이제 독서는 단지 개인의 행위가 아니라 집단의 행위로서 거대하게 연계되어 있다. 책도 사물 인터넷 속에 존재하는 것이다.

생각하는 책은 학교교육 현장에도 도입된다. 2023년 8월 교육부는 '인공지능[AI] 디지털교과서 개발 지침'을 발표하고 클라우드 기반 웹 서비스 형태의 교과서 개발을 진행 중에 있다.[6] 교육부에 따르면, 학생 개인이 교과서를 읽고 학습하는 행위들은 개인별 성취도나 독서 형태 분석에 활용되고 그에 따른 맞춤형 교육자료 제공에까지 이어질 것이다.

디지털교과서 도입을 우려하는 학부모들은, 디지털교과서의 사용이 학생들의 스마트기기 의존도를 높이고 결국 문해력을 저하시켜 학습력을 해치게 될 것이라 말하기도 한다. 현재 교육부는 디지털기기 사용의 유해성과 한계에 대한 우려를 인식하여 디지털교과서를 종이 교과서의 대체가 아니라 보조 도구로 한정하고 있는 상태이다.

생각하는 책은 문해력을 저하시킬까? 디지털교과서가 학교교육 현장에서 활용된 구체적인 경험이 부족하기 때문에 단정적으로 말하기는 어렵지만, 글을 읽는 행위를 **'적극적 주체성'**의 측면에서 접근할 때 경계해야 할 것들은 분명 존재한다. 앞서 언급한 2016년 게리[Gary B.]의 소송에서도 교육권을 해석할 때 가장 주목한 것이 '문해력이 지니는 적극적 주체성'의 측면이었다. 즉, 문해력을 기를 수 있는 기회를 풍부하게 제공한다고 해서 문해력이 향상되는 것은 아니다. 문해력 향상에는 스스로 책을 읽고 해석하고 글을 쓰고자 하는 행위자의 적극적 주체성이 필수적으로 요구된다.

OECD의 **'교육 2030'**[•]에서 학생의 행위 주체성 student agency을 강조한 것에서 미루어 봐도, 미래 사회에서 적극적 주체성은 독자가 지녀야 할 중요한 덕목 중 하나이다. 챗지피티를 비롯한 생성형 인공지능 open AI은 300쪽이 넘는 책도 단 몇 초 만에 요약할 수 있다고 한다. 생성형 인공지능에게 책을 읽히고 요약시킨 후 필요한 정보만 발췌할 수 있는 것이다. 책을 단순히 정보를 얻는 수단으로 보고 생성형 인공지능을 통해 요약된 정보만을 수용한다면 읽는 행위의 적극적 주체성은 저하될 수밖에 없다.

독서는 단순히 문자를 읽는 행위가 아니다. 〈알쓸신잡〉이라는 TV 프로그램에서 뇌과학자 정재승 박사는 "서점에서 수많은 실패를 하고 내가 좋아하는 책들이 어느 쪽에 있는지

●**교육 2030**
(Education 2030)

OECD의 교육 프로젝트로서, 전 세계 교육 방향에 큰 영향을 미쳤다. 이 프로젝트에는 2030년 무렵 사회에 진출할 학생들에게 필요한 미래 핵심 역량이 무엇인지, 그리고 학교교육을 통해 학생의 역량을 어떻게 성장시킬 것인지에 대한 고민이 담겨 있다.

파악하며 내가 좋아하는 분야, 작가를 스스로 결정하는 과정이 독서"라고 자신의 의견을 피력하기도 했다.[7] 선택하고 고민하고 나누는 것도 모두 독서 행위인 것이다.

우리는 독서를 통해 어떤 사람이 되고 싶은가. 잘 읽고 잘 쓸 줄 아는 문해력을 갖춘 인간은 어떤 모습일까? 적어도 세계의 문제를 스스로의 언어로 이해하고 해석하며 해결해 가는 인간이 아닐까? 세계는 텍스트로 이루어져 있고 나조차도 예외는 아니다. 텍스트로 표현되는 '나'가 존재한다면 이는 인공지능이 알고리즘에 따라 추천해 주는 '나'가 아니라 '나' 스스로 생각하고 행위하여 결정하는 '나'가 되어야 할 것이다.

주註

Class 1. 문해력이 알고 싶다

1   김윤정(2021), 「문식성 연구 동향 분석과 향후 과제- 지난 25년간(1996-2021)의 학위논문을 중심으로」, 『우리어문연구』 70, 우리어문학회, 253~282쪽.

2   정혜승(2008), 「문식성(literacy) 교육의 쟁점 탐구」, 『교육과정평가연구』 11(1), 한국교육과정평가원, 161~185쪽.

3   정순원(2020), 「미국 헌법상 최소한의 기초적인 교육에 관한 권리의 기본권성 -Gary B 판결(2020년)을 중심으로」, 『미국헌법연구』 31(2), 미국헌법학회, 118쪽.

4   엄훈(2012), 『학교 속의 문맹자들』, 우리교육.

5   UNICEF Pacific Islands. https://www.unicef.org/pacificislands/what-we-do/education

6   주세형(2009), 「할리데이 언어 이론의 국어교육학적 의미」, 『국어교육』 130, 한국어교육학회, 181쪽.

7   백두현(2023), 『조선시대의 한글 교육과 확산』, 태학사, 160쪽.

8   문소영(2021), 「무운과 몰이해」, 『서울신문』. https://www.seoul.co.kr/news/newsView.php?id=20211109031011&wlog_tag3=naver

9   이채윤·최인찬·조병영(2023), 「학습자의 주관적 웰빙을 위한 리터러시 교육의 가능성 탐색」, 『국어교육』 183. 한국어교육학회, 1~39쪽.

10   송숙희(2023), 『일머리 문해력』. 교보문고.

11   EBS(2022), 〈당신의 문해력 플러스〉.

12   이채윤 외(2023), 위의 논문.

13 엄훈(2019), 「아동기 문해력 발달 격차에 대한 문제해결적 접근」, 『독서연구』 50, 한국독서학회, 12쪽.

14 최소영·제민경·이경남(2023), 「어휘 의미와 음운 인식을 고려한 단어 유창성 진단 도구의 개발」, 『국어교육학연구』 58(1), 국어교육학회, 195~242쪽.

15 김창원·서혁·윤준채·이관규·장건지·김순임(2008), 「국민의 기초 문해력 조사」, 국립국어원, 78쪽.

16 김창원·서혁·윤준채·이관규·장건지·김순임(2008), 위의 자료.

17 국가평생교육진흥원(2021), 「2020년 성인문해능력조사」, 국가평생교육진흥원, 6쪽.

18 국가평생교육진흥원(2021), 위의 자료, 7쪽.

19 황혜진(2015), 「OECD 성인역량조사결과에 나타난 세대 간 문해력의 차이」, 『통일인문학』 61, 585~612쪽.

20 교육부(2024), 「경제협력개발기구(OECD) 국제성인역량조사(PIAAC) 2주기 주요 결과 발표」, https://www.moe.go.kr/boardCnts/viewRenew.do?boardID=294&lev=0&statusYN=W&s=moe&m=020402&opType=N&boardSeq=101916

21 김경년(2019), 「성인의 문해력 상실과 획득에 미치는 연령과 문해 사용의 영향 탐색」, 『Andragogy Today Interdisciplinary Journal of Adult & Continuing Education (IJACE)』, 22(1), 27~52쪽.

22 김경년(2019), 위의 논문.

Class 2. 생애 주기별 문해력

1 엄훈(2009), 「아동기 문해력 발달 격차에 대한 문제해결적 접근」, 『독서연구』 50, 한국독서학회.

2 〈The Matthew Effect〉, all kids can EDUCATION. https://www.allkidscan.com.au/blog/thematthewweffect

3 제민경(2024), 「발달적 관점에서의 문해력 교육 실행 방향 – 초등학교 교육 방향을 중심으로」, 『국어교육』 184, 한국어교육학회, 60쪽.

4 엄훈·정종성·김미혜·정연희(2018), 『책 발자국 K-2 수준 평정 그림책 시리즈』,

교육공동체벗.

5 서현석(2022), 「가족 문식성 교육 프로그램의 내용 고찰」, 『청람어문교육』 86, 청람어문교육학회, 54쪽.

6 최미숙 외(2023), 『국어교육의 이해』, 사회평론아카데미.

7 양수연·박성석·민병곤(2020), 「중학교 1~3학년 읽기 능력 검사 도구 개발 및 IRT 분석을 통한 타당화 연구」, 『국어교육』 170, 한국어교육학회, 83쪽.

8 이경남(2018), 「정보 텍스트의 추론적 읽기 특성 연구: 잠재 의미 분석(lsa)을 활용하여」, 한국교원대학교 대학원 박사학위논문.

9 EBS 다큐 프라임 제작진(2020), 『다시, 공부 다시, 학교』, EBS한국교육방송공사.

10 최소영·박태준(2022), 「텍스트 이독성 질적 평가 요인의 설명력 분석 -교육용 정보 텍스트를 중심으로-」, 『국어교육』 179, 한국어교육학회, 251~294쪽.

11 백혜선(2008), 「어휘 지식과 독해력의 상관관계 연구」, 고려대학교 대학원 석사학위논문.

12 김민희·윤수정(2016), 「어휘력 부족이 사고력 부족으로」, 『주간조선』. http://weekly.chosun.com/news/articleView.html?idxno=9904.

13 신명선(2007), 「'단어에 대한 앎'의 의미에 기반한 어휘 교육의 방향 설정 연구」, 『국어교육』 124, 한국어교육학회, 349~386쪽.

14 〈네이버 지식iN〉. https://kin.naver.com/qna/detail.naver?d1id=13&dirId=130107&docId=397943289&qb=64+Z7JWE66asIOyEoOuwsCDsg53si6A=&enc=utf8&section=kin.qna_ency_cafe&rank=3&search_sort=0&spq=0

15 〈우리말샘〉, 국립국어원. https://opendict.korean.go.kr/search/searchResult?focus_name_top=query&query=%EA%B3%A0%EC%B9%98%EB%8B%A4

16 〈공부하기 전 갖추면 가장 유리한 능력〉, 10대 동기부여 유튜브 채널(현우진). https://youtube.com/shorts/rVbVlYfoz1s?si=cXPYl2MMhoICVLaG

17 〈무엇이든 질문해보세요!〉, QANDA. https://qanda.ai/ko/solutions/ZuYXu7SS4x

18 구본관 외(2018), 『언어 중심의 교과 융합 교육』, 사회평론아카데미, 276쪽.

19 〈문과 이과 성향 테스트〉, BomunHub. https://bomunhublans.netlify.app

20 〈문과 이과 구별하는 법〉(2024. 4. 10.), 난공TV 공무원 수험 전문 채널. https://youtube.com/shorts/UDqLoMBuzhE?si=GqPZ-cRaz0kdv7tw.

21 〈유 퀴즈 온 더 블록〉 제71회(2020. 9. 9. 방영), tvN.

22 교육부·한국직업능력연구원, 「초등학생의 희망 직업 비교(2021~2023년)」.

23 하버드 미술관(Harvard Art Museums) 소장.

24 「압도적 기량으로 한일전 승리... 남자 양궁 대표팀, 올림픽 단체적 3연패 향해 '순항'」, 『세계일보』, 2024. 7. 29. https://www.segye.com/newsView/202407295 18878?OutUrl=naver

25 「"샤인머스캣만 내렸어요"... 만 원짜리 오이에 울상된 시민들」, 『서울경제』, 2024. 9. 9. https://www.sedaily.com/NewsView/2DE84IAQAV

26 「240번 버스 사건」, 『나무위키』. https://namu.wiki/w/240%EB%B2%88%20% EB%B2%84%EC%8A%A4%20%EC%82%AC%EA%B1%B4

27 김윤숙(1996), 「초등한자교육(初等漢字教育)의 문제점(問題點)」, 『한자한문교육』 2, 한국한자한문교육학회, 163~180쪽.

28 민현식(2015), 「국어교육과 생애주기(평생)교육의 학제적 접근 – 평생국어교육의 문해력 증진을 위하여 –」, 『국어교육학연구』 50(1), 국어교육학회, 5~46쪽.

29 https://www.seoul.co.kr/news/editOpinion/world-stories/2022/09/13/202209 13025010

30 박재현·옥현진·김종윤(2017), 「성인 문식성 교육과정 개발에 관한 전문가 의견 조사」, 『작문연구』 35, 7~38쪽.

31 국립국어원(2022), 〈2022년 국어문화학교〉.

Class 3. 소통과 실천의 문해력

1 「김금선 소장의 『엄마의 하브루타 대화법』, 엄마도 아이도 행복해지는 대화 법!」, 『한국강사신문』. https://www.lecturernews.com/news/articleView.html? idxno=29607

2 EBS(2014), 〈다큐 프라임〉, '왜 우리는 대학에 가는가'

3 양수연·고유라·신효정·주세형(2023), 「생성형 인공지능은 교사의 교육적 질문 생성 역할을 대신할 수 있는가: ChatGPT가 생성한 읽기 질문의 활용 가능성에 대한 교사 인식 연구」, 『새국어교육』 136, 한국국어교육학회, 117~165쪽.

4   「2023년 국민독서실태조사」, 문화체육관광부, 2023.

5   이상의 문항은 순서대로 편지윤·김종윤·양길석·장봉기·서혁(2025)의 '사회적
     독서' 성향, Wigfield, & Guthrie(1997)과 Davis et al.(2020)에서 동기의 사회적
     측면을 측정하는 문항에 해당한다.

6   〈「인공지능(AI) 디지털교과서 개발 지침」 발표, 개발의 신호탄 쏘다〉, 교육부,
     2023.

7   〈알쓸신잡(알아두면 쓸데없는 신비한 잡학사전)〉 3회(2016. 6. 16. 방영), tvN.

참고 문헌

단행본

구본관·윤여탁·김종철·유준희·구자현·고정희·윤대석·서명희·이지수·조진수 (2018), 『언어 중심의 교과 융합 교육』, 사회평론아카데미.

백두현(2023), 『조선시대의 한글 교육과 확산』, 태학사.

송숙희(2023), 『일머리 문해력』, 교보문고.

엄훈(2018). 『초기 문해력 교육을 위한 수준 평정 그림책의 활용』. 교육공동체벗.

엄훈(2021), 『학교 속의 문맹자들』, 우리교육.

임완철(2019), 『읽는다는 것의 미래』, 지식노마드.

최미숙·원진숙·정혜승·김봉순·이경화·전은주·정현선·주세형(2023), 『국어교육의 이해』, 사회평론아카데미.

최숙기(2011), 『읽기 교육 방법론』, 역락.

마이클 W. 애플 지음, 강희룡·김선우·박원순·이형빈 옮김(2018), 『교육은 사회를 바꿀 수 있을까?』, 살림터.

Rasinski, T. V., Blachowicz, C. L. & Lems, K. (2012), *Fluency instruction: Research-based best practices.*(2nd) Guilford Press.

논문

김경년(2019), 「성인의 문해력 상실과 획득에 미치는 연령과 문해 사용의 영향 탐색」, 『Andragogy Today Interdisciplinary Journal of Adult & Continuing Education』 22(1), 한국성인교육학회, 27~52쪽.

김봉순(2020), 「'사실(facts)' 정보에 대한 비판적 읽기」, 『국어교육연구』 72, 국어교육
학회, 119~144쪽.

김윤정(2021), 「문식성 연구 동향 분석과 향후 과제- 지난 25년간(1996-2021)의 학위
논문을 중심으로」, 『우리어문연구』 70, 우리어문학회, 253~282쪽.

김종윤·양길석·장봉기·편지윤·서혁(2024), 「독자의 비인지적 특성 조사를 위한 '독
서 성향'의 개념 및 구인 탐색」, 『국어교육연구』 86, 국어교육학회, 1~47쪽.

김희주(2018), 「학습장애 위험군 학생의 추론적 이해 능력 분석」, 서울대학교 대학원
박사학위논문.

민현식(2015), 「국어교육과 생애주기(평생)교육의 학제적 접근 - 평생국어교육의 문해
력 증진을 위하여 -」, 『국어교육학연구』 50(1), 국어교육학회, 5~46쪽.

박수자(2021), 「읽기 역량 개발을 위한 읽기과제 개발 방안 탐색」, 『교육연구』 82, 전
남대학교 교육문제연구소, 7~29쪽.

박재현·옥현진·김종윤(2017), 「성인 문식성 교육과정 개발에 관한 전문가 의견 조
사」, 『작문연구』 35, 한국작문학회, 7~38쪽.

백혜선(2008), 「어휘 지식과 독해력의 상관관계 연구」, 고려대학교 대학원 석사학위
논문.

서 혁(2023), 「독서 사회의 변화와 새로운 독서 교육: 독서 환경의 변화와 교육적 대응
을 중심으로」, 『독서연구』 68, 한국독서학회, 9~33쪽.

서현석(2022), 「가족 문식성 교육 프로그램의 내용 고찰」, 『청람어문교육』 86, 청람어
문교육학회, 45~69쪽.

신명선(2007), 「'단어에 대한 앎'의 의미에 기반한 어휘 교육의 방향 설정 연구」, 『국
어교육』 124, 한국어교육학회, 349~386쪽.

양수연·고유라·신효정·주세형(2023), 「생성형 인공지능은 교사의 교육적 질문 생성
역할을 대신할 수 있는가: ChatGPT가 생성한 읽기 질문의 활용 가능성에 대한
교사 인식 연구」, 『새국어교육』 136, 한국국어교육학회, 117~165쪽.

양수연·박성석·민병곤(2020), 「중학교 1~3학년 읽기 능력 검사 도구 개발 및 IRT 분
석을 통한 타당화 연구」, 『국어교육』 170, 한국어교육학회, 81~122쪽.

엄훈(2019), 「아동기 문해력 발달 격차에 대한 문제해결적 접근」, 『독서연구』 50, 한국
독서학회, 9~39쪽.

엄훈·정종성·김미혜·정연희(2018), 『책 발자국 K-2 수준 평정 그림책 시리즈』, 교육
공동체벗.

이경남(2018), 「정보 텍스트의 추론적 읽기 특성 연구: 잠재 의미 분석(lsa)을 활용하여」, 한국교원대학교 대학원 박사학위논문.

이관희(2023), 「'변혁적 역량'과 '행위 주체성'의 초등 국어 교육 내용화 방향」, 『국어교육』 182, 한국어교육학회, 1~30쪽.

이대식(2022), 「기본학력 보장 노력, 왜 필요하고 어떻게 해야 할까?」, 『서울교육』 2022 가을호(248호).

이채윤·최인찬·조병영(2023), 「학습자의 주관적 웰빙을 위한 리터러시 교육의 가능성 탐색」, 『국어교육』 183, 한국어교육학회, 1~39쪽.

정순원(2020), 「미국 헌법상 최소한의 기초적인 교육에 관한 권리의 기본권성 -Gary B 판결(2020년)을 중심으로」, 『미국헌법연구』 31(2), 미국헌법학회, 93~135쪽.

정혜승(2008), 「문식성(literacy) 교육의 쟁점 탐구」, 『교육과정평가연구』 11(1), 한국교육과정평가원, 161~185쪽.

제민경(2024), 「발달적 관점에서의 문해력 교육 실행 방향: 초등학교 교육 방향을 중심으로」, 『국어교육』 184, 한국어교육학회, 35~71쪽.

주세형(2010), 「사실과 의견 구별하기의 국어과 전문성 탐색」, 『국어교육학연구』 37, 국어교육학회, 469~497쪽.

주세형(2009), 「할리데이 언어 이론의 국어교육학적 의미」, 『국어교육』 130, 한국어교육학회, 173~204쪽.

천경록(1999), 「읽기의 개념과 읽기 능력의 발달 단계」, 『청람어문교육』 21, 청람어문교육학회, 263~282쪽.

최소영·박태준(2022), 「텍스트 이독성 질적 평가 요인의 설명력 분석 -교육용 정보 텍스트를 중심으로-」, 『국어교육』 179, 한국어교육학회, 251~294쪽.

최소영·제민경·이경남(2023), 「어휘 의미와 음운 인식을 고려한 단어 유창성 진단 도구의 개발」, 『국어교육학연구』 58(1), 국어교육학회, 195~242쪽.

편지윤(2022), 「AI 알고리즘 기반 텍스트 환경에서 비판적 리터러시에 대한 단상」, 『국어교육연구』 79, 국어교육학회, 37~76쪽.

편지윤·김종윤·양길석·장봉기·서혁(2025), 「초·중등학생 독서 성향 조사 도구 개발 및 타당화」, 『청람어문교육』 103, 청람어문교육학회, 7~46쪽.

황혜진(2015), 「OECD 성인역량조사결과에 나타난 세대 간 문해력의 차이」, 『통일인문학』 61, 인문학연구원, 585~612쪽.

Davis, M. H., Wang, W., Kingston, N. M., Hock, M., Tonks, S. M. & Tiemann, G.

(2020), A computer adaptive measure of reading motivation. *Journal of Research in Reading* 43(4), The United Kingdom Literacy Association(UKLA), pp.434~453.

Freebody, P. & Luke, A. (1990), Literacies programs: Debates and demands in cultural context. Prospect: *An Australian Journal of TESOL* 5(3), pp.7~16.

Miller, J. & Schwanenflugel, P. J. (2008), A longitudinal study of the development of reading prosody as a dimension of oral reading fluency in early elementary school children, *Reading research quarterly* 43(4), International Literacy Association, pp.336~354.

Riley, J. L. (1996), The ability to label the letters of the alphabet at school entry: a discussion on its value, *Journal of Research in Reading* 19(2), The United Kingdom Literacy Association(UKLA), pp.87~101.

Stanovich, K. E. (1986), Matthew effects in reading: Some consequences of individual differences in the acquisition of literacy, *Reading Research Quarterly* 21, International Literacy Association, pp.360~367.

Wigfield, A. & Guthrie, J. T. (1997), Relations of children's motivation for reading to the amount and breadth or their reading. *Journal of Educational Psychology* 89(3), American Psychological Association, pp.420~432.

기타

국가평생교육진흥원(2021), 2020년 성인문해능력조사, 국가평생교육진흥원.

국립국어원(2022), 2022년 국어문학학교, 국립국어원.

김창원·서혁·윤준채·이관규·장건지·김순임(2008), 국민의 기초 문해력 조사, 국립국어원.

문화체육관광부(2024), 2023년 국민 독서 실태, 문화체육관광부.

OECD(2018), The future of education and skills: Education 2030, OECD.